intervenção precoce no
AUTISMO

Guia Multidisciplinar
De ZERO a 4 anos

Walter Camargos Jr.
e Colaboradores

intervenção precoce no
AUTISMO

Guia Multidisciplinar
De ZERO a 4 anos

1ª EDIÇÃO ATUALIZADA

Artesã

Intervenção precoce no autismo – Guia multidisciplinar: de zero a 4 anos
1ª edição atualizada - 3ª Reimpressão 2023

Copyright © 2020 Artesã Editora

É proibida a reprodução total ou parcial desta publicação, para qualquer finalidade, sem autorização por escrito dos editores.
Todos os direitos desta edição são reservados à Artesã Editora.

DIRETOR
Alcebino Santana

COORDENAÇÃO EDITORIAL
Michelle Guimarães El Aouar

REVISÃO
Maggy de Matos

CAPA
Kamila Moreno

I61
      Intervenção precoce no autismo: guia multidisciplinar : de 0 a 4 anos / organizador : Walter Camargos Junior . – Belo Horizonte : Ed. Artesã, 2017.

      200 p. ; 21 cm.

      ISBN: 978-85-88009-63-9

      1. Psiquiatria infantil. 2. Transtorno do espectro autista. 3. Autismo em crianças. 4. Equipes de assistência em saúde mental. I. Camargos Junior, Walter.

CDU 616.89

Catalogação: Aline M. Sima CRB-6/2645

IMPRESSO NO BRASIL
Printed in Brazil

(31)2511-2040 (31)99403-2227
www.artesaeditora.com.br
Rua Rio Pomba 455, Carlos Prates - Cep: 30720-290 | Belo Horizonte - MG
/artesaeditora

Sumário

Prefácio 7
Andréa Werner

Introdução 11
Walter Camargos Jr

Aspectos Médicos 13
Walter Camargos Jr

Treinamento de Pais 27
*Aline Abreu Andrade, Albert Luciano Oliveira,
Isadora Adjuto Teixeira*

Atendimento à criança 45
Vivianne Lima Campos Moura, Aline Abreu Andrade

**Abordagem de Integração Sensorial
em crianças de 0 a 4 anos com autismo** 63
Ana Paula Ferreira Costa

Aspectos fonoaudiológicos 81
*Cláudia Gonçalves Carvalho Barros, Natália Barbosa Chagas,
Brescia de Moura, Letícia Viana Pereira, Patrícia Reis Ferreira*

A inclusão na pré-escola 101
*Aline Abreu Andrade, Cláudia Teresinha Facchin,
Manuela Correia, Vivianne Lima Campos Moura*

A importância do Brincar para o Desenvolvimento 125
Aline Abreu Andrade, Ana Paula Ferreira Costa

Equipe multidisciplinar 139
Albert Luciano Oliveira, Aline Abreu Andrade, Ana Paula
Ferreira Costa, Isadora Adjuto Teixeira, Lara Mascarenhas
Ribeiro Paula, Letícia Viana Pereira, Lídia Lima Cruz,
Lívia Fátima Silva Oliveira, Lucas Araújo Lima Géo, Manuela
Correia, Natália Barbosa Chagas Brescia Moura, Patrícia Reis
Ferreira, Vivianne Lima Campos Moura, Walter Camargos Jr

Escalas e Testes 153

Manual Diagnóstico e Estatístico
de Transtornos Mentais - DSM-V (APA, 2014) 153
Walter Camargos Jr

Childhood Autism Rating Scale - CARS
(Pereira, Riesgo, & Wagner, 2008) 158
Walter Camargos Jr

Modified Checklist for Autism in Toddlers (M-CHAT)
(Robins, Fein, Barton, & Green, 2001) 159
Walter Camargos Jr

Autism Diagnostic Observation Schedule - ADOS - Escala de
observação para o diagnóstico de autismo- segunda edição 166
Lídia Lima Prata Cruz

Perfil Piscoeducacional - 3 edição (PEP-3):
Um instrumento para avaliação e acompanhamento 170
Maria Isabel S. Pinheiro, Flávia Neves Almeida

Glossário 179

Autores 193

Prefácio

Andréa Werner
http://lagartavirapupa.com.br/

Guilherme, filho da Rosana, sempre foi um bebê quieto. Ela cansou de ouvir de amigos e parentes o quanto ele era "bonzinho", pois adorava ficar no berço e dormia bastante.

Quando ele fez cinco meses, ela voltou ao trabalho e Guilherme passou a ficar em casa acompanhado de uma babá. Rosana estranhou o fato de que, quando ela chegava em casa, ele, às vezes, parecia não ligar muito. "Está muito entretido com um brinquedinho novo", pensava.

Certa vez, Rosana foi com Guilherme almoçar com uma amiga da adolescência que estava passando pela cidade. Ela tinha um bebê de 10 meses, pouco mais novo que Guilherme, que tinha acabado de fazer 1 aninho. Um pequeno incômodo se alojou no cantinho de seu coração quando ela viu o bebê da amiga balbuciar bastante e ainda mandar vários beijos e bater palminhas. É que o Gui ainda não fazia nada disso. "É falta de estímulo, pensou. Quem mandou eu voltar a trabalhar? Aposto que a babá não o tem estimulado da melhor forma". Em seu coração, ao lado incômodo, agora, se alojava também a culpa.

Alguns meses depois, Rosana desceu com Guilherme para o playground do prédio e passou a observar as crianças que ali estavam. Apesar de ainda serem rechonchudas e com jeito de bebê, já mostravam uma curiosidade natural por pessoas e brinquedos. Queriam estar próximas umas das outras e apontavam para tudo freneticamente. Rosana chegou a ver uma garotinha de cabelos castanhos e maria-chiquinha pedir "ága" à mãe. Enquanto isso, Guilherme, que já tinha um ano e meio, sentava-se no canto da caixa de areia, enchia a mão, erguia devagar e ia soltando aos poucos a chuva de grãos. Parecia ignorar totalmente o que acontecia à sua volta. Tanto que nem ouviu Rosana chamá-lo várias vezes para irem embora.

Desta vez, Rosana resolveu confrontar a pediatra. Narrou tudo aquilo que a incomodava e ouviu de volta que estava "procurando pelo em ovo", que "cada criança tem seu tempo", e que ela devia parar de dar tudo na mão dele e procurar mantê-lo longe da tv e do tablet.

Contou tudo ao marido na volta e decidiram matricular o Guilherme na escolinha para ver se, através do contato constante com outras crianças, ele se desenvolveria mais e a fala sairia.

Seis meses depois, a escola chamou os pais para uma conversa. A professora disse que o comportamento do Guilherme não condizia com o de crianças de sua idade e pediu uma avaliação neurológica. Rosana saiu daquela reunião com o peito apertado, com uma dificuldade imensa de respirar e uma certeza no fundo do coração: suas suspeitas tinham fundamento. Ela não sabia o que havia com seu filho, mas algo, certamente, havia.

E foi ali, sentada na cadeira no consultório do médico, pediatra/neuropediatra/psiquiatra infantil, que Rosana escutou "seu filho está no espectro do autismo". Autismo ela já tinha ouvido falar, mas não tinha a menor ideia do que significava esse espectro. Mas o fato é que a notícia a atordoou como uma pancada na cabeça. Ela olhou para o marido em busca de apoio, mas viu em seus olhos perdidos a mesma tristeza e desespero que estavam estampados em seu próprio rosto.

Os dois saíram do consultório se sentindo perdidos. Em sua primeira noite insone mergulhada na internet, Rosana percebeu imediatamente que quantidade de informação não é qualidade. E agora? Por onde começar? O que fazer?

Rosana é uma personagem fictícia. Mas, de fictícia, essa narrativa não tem quase nada. Esta é a história de milhares de mães de autistas que passam pelo processo de dúvidas, busca de respostas e, finalmente, chegam ao diagnóstico de seus filhos todos os anos no Brasil. Infelizmente, um diagnóstico sério que chega sem um manual do que fazer, que passos dar, onde investir tempo e recursos.

A "intervenção precoce" no caso do autismo traz muitos ganhos e, para muitas crianças, é totalmente responsável pelo bom prognóstico do quadro no futuro. Mas não basta boa vontade e amor. Existem abordagens menos e mais indicadas. Há vários pontos a se considerar, quando se avalia uma criança com desenvolvimento atípico. E estão todos esses pontos, muito bem abordados por este livro.

Escrito por uma equipe que tem anos de experiência na área do autismo e é referência no Brasil, o livro "Intervenção Precoce no Autismo. Guia multidisciplinar de zero a 4 anos" vem cobrir a lacuna deixada no pós- diagnóstico e responde com bastante competência à questão do "e agora?". Os autores abordam desde o cuidado em se ter parâmetros mensuráveis na hora de fechar um diagnóstico até a importância de uma equipe multidisciplinar. Acima de tudo, fica claro o papel crucial dos pais no entendimento do quadro e no aprendizado de técnicas para se maximizar o desenvolvimento da criança no ambiente doméstico.

Tudo para que a tão desejada intervenção precoce seja adequada, confiável e eficaz.

Introdução

Walter Camargos
Psiquiatra da Infância

Há quase trinta anos, quase nada se praticava profissional/assistencialmente na área do, então "Autismo Infantil". A simples menção do termo "Autismo Infantil" como hipótese diagnóstica era objeto de críticas, conflitos e controvérsias teóricas, mesmo em ambientes médicos com objetivo de formação em Psiquiatria Infantil. Hoje tenho o prazer de testemunhar pediatras habilitados ao diagnóstico, e até no tratamento básico/padrão, em crianças com quadros típicos, mesmo com idade abaixo de três anos de idade, situação mítica naquela época.

No final da década de 80 um grupo de profissionais brasileiros da área da saúde se agrupou, chegando a fundar o Grupo de Estudos e Pesquisa sobre Autismo Outras Psicoses Infantis (GEPAPI) centrado no assunto "Autismo Infantil", fomentando o interesse público no tema e difundindo o conhecimento pelo País afora, através de Cursos, Seminários e Congressos.

Passado décadas do início do processo da disseminação de informações técnicas nessa área, no Brasil, e cientes que o diagnóstico precoce e tratamento adequado e precoce são fundamentais para o melhor prognóstico dessa população é chegada a hora de um guia/norteador diagnóstico e terapêutico na assistência específica das crianças abaixo dos quatro anos de idade.

Este livro tem como pretenso objetivo ser realmente um Guia Multidisciplinar, com aplicabilidade no dia a dia dos profissionais de saúde que lidam com crianças, ainda muito novas, afetadas pelo Transtorno do Espectro do Autismo (TEA).

Agradeço a todos que participaram dessa caminhada, notadamente aqueles que demonstraram mais interesse pelas crianças/pessoas que pelas crenças pessoais e técnicas aprendidas e não revisadas.

Aspectos Médicos

Walter Camargos Jr
Médico Psiquiatra da Infância

Introdução

O ponto central de todo trabalho aqui referenciado é a criança, sendo que o acesso técnico sempre perpassa os pais/responsáveis. Diante disso se faz imprescindível uma relação de confiança, de perseverança laboral e de uma esperança realista.

Embora o cotidiano médico inclua a prática da prescrição de medicamentos, "todas" as famílias e uma significativa maioria dos profissionais não médicos possui naturalmente uma grande resistência à prescrição de medicamentos às crianças. No entanto, isso não pode ser considerado um obstáculo intransponível para o adequado tratamento dos pacientes.

No universo de crianças com idade até 4 anos a atuação do médico é inicialmente restrita ao diagnóstico sobre a presença, dúvida ou a ausência do Transtorno do Espectro do Autismo (TEA) e a indicação das técnicas terapêuticas, hoje reconhecidas cientificamente, para o tratamento. O melhor especialista para esse procedimento é aquele que mais domínio tem do assunto, que pode ser psiquiatra da infância, neuropediatra ou outro.

É importante que o médico tenha domínio da importância e consequência de comorbidades médicas que exijam a necessidade de indicação de avaliações em outras especialidades médicas como neurologia, genética, otorrinolaringologia, gastroenterologia etc. Idem para avaliações das diversas áreas da habilitação/reabilitação como fonoaudiologia, terapia ocupacional, psicologia etc. É importante ressaltar, que mesmo havendo dúvidas quanto a presença de comorbidades médicas, as indicações das avaliações médicas e a introdução de tratamentos não médicos, dimensão da habilitação/reabilitação, devem ser concomitantes para que não se perca tempo, preciosa peça neste jogo terapêutico.

O habitual é que a criança chegue ao médico encaminhada por um profissional não médico, que já levantou a hipótese diagnóstica de TEA ou sua suspeita. Na maioria das vezes, a família já pesquisou sobre o tema na internet e como cada pessoa é única, a família nem sempre identifica seu/sua filho/a como afetado pelo transtorno, chegando à consulta médica numa posição de resistência e refratariedade à opinião desse profissional. O cenário oposto é quando os pais já avaliaram que os comportamentos do filho(a) são compatíveis com o diagnóstico e buscam sua confirmação e indicação terapêutica.

É importante que o médico utilize instrumentos de avaliação diagnóstica como escalas clínicas pois assim, de um lado ele terá mais certeza e segurança em seu procedimento e de outro, a comunicação aos pais terá essa informação que transcende a "uma simples opinião" já que é suportada tecnicamente por um instrumento impessoal. De mesma importância é a utilização de escalas, no decorrer das consultas seguintes com alguns dos seguintes objetivos:

- mensurar a evolução da criança, por parâmetro objetivo e impessoal;
- utilizar essa base de dados para o tratamento psicofarmacológico;
- desenvolver um banco de dados que sirva de parâmetro para avaliar os novos pacientes, assim como sua evolução;
- demonstrar aos pais que o profissional realiza seu trabalho com boa qualidade técnica, dando-lhes segurança no longo processo do tratamento.

Em nossa realidade atual, espera-se que o médico defina o diagnóstico, que é o ponto de partida de todo o processo de tratamento que se inicia com a aceitação do mesmo pelos familiares, as indicações para avaliações e a assistência propriamente dita. Diagnóstico com critério não é rótulo, é como um mapa que mostra a posição da criança num cenário de possibilidades e quais os caminhos para se alcançar o objetivo desejado. Quando o diagnóstico não é definido, ocorrerá prejuízo para a criança-paciente já que os pais não se sentirão confiantes com os tratamentos indicados.

Em relação ao prognóstico há um conhecimento corrente, não científico que ele depende de oito itens: diagnóstico precoce, tratamento técnicamente adequado e precoce, o paciente não ter déficits sensoriais como cegueira e surdez, não ter outro transtorno que prejudique o desenvolvimento, ter bom nível intelectual, ter pais/responsáveis saudáveis psiquicamente e os pais/responsáveis e seguirem as orientações fornecidas pelos profissionais.

Avaliação diagnóstica

O diagnóstico é clínico, presencial, devendo seguir as diretrizes já conhecidas na literatura e a realização de escalas.[1] Quanto maior for a variação das origens e a veracidade das informações maior será a precisão do diagnóstico. As escalas mais usadas atualmente são o Modified Checklist for Autism, M-Chat, (ROBINS, FEIN, BARTON, & GREEN, 2001) a partir dos 24m e o The Childhood Autism Rating Scale, CARS, (PEREIRA, RIESGO, & WAGNER, 2008) a partir dos 36m de idade. sendo o primeiro para suspeição e o segundo de diagnóstico.

Pela Classificação Internacional de Doenças 10ª. Revisão (CID) (OMS, 1987), que referencia o sistema diagnóstico brasileiro, o diagnóstico formal ainda é aos 36m de idade, mesmo que o quadro já possa sugerir um diagnóstico clínico, já em bebês (CAMARGOS, 2008) (o DSM-V não utiliza mais a idade como parâmetro). Essas diretrizes exigem prejuízos em três esferas funcionais: Interação, Comunicação, Comportamentos restritos, repetitivos e estereotipados e que o início tenha ocorrido até os 36m de idade.

O DSM-V (APA, 2014) englobou os prejuízos da Interação e da Comunicação em um só domínio, manteve os prejuízos do Comportamento acrescentando graus de severidade, em ordem decrescente de 3 a 1: os que necessitam de apoio/tratamento muito substancial, os que necessitam de apoio substancial e os que necessitam de apoio.

Outro teste e escala que embora não sejam realizados pelo médico, mas que possuem hoje um lugar de destaque no processo terapêutico dos afetados é o Autism Diagnostic

---

[1] Vide Capítulo Escalas e Testes.

Observation Schedule - ADOS,[2] e o Perfil Psicoeducacional 3.[3] O ADOS é um teste diagnóstico que auxilia muito quando as crianças têm menos que 24 meses, nos quadros de menor gravidade onde as escalas diagnósticas, anteriormente citadas não têm a sensibilidade para "captar" a sutileza sintomatológica e quando as famílias apresentam muita resistência à aceitação do diagnóstico (a pontuação fica abaixo do ponto de corte). O PEP-3 não é uma escala diagnóstica e tem a função de avaliar a evolução da criança com Transtorno do Espectro do Autismo (TEA) comparando com uma sem atraso no desenvolvimento. É muito útil para todos os profissionais da equipe, da família e da escola terem uma real percepção de seu estágio de desenvolvimento e utilizarem essa informação para o planejamento terapêutico da criança.

Toda pessoa afetada por TEA apresenta atrasos no desenvolvimento, como uma característica geral. Sendo assim, encontramos atrasos na interação interpessoal, principalmente com pares (crianças da mesma idade) conhecidos e notadamente com pares desconhecidos, na comunicação em geral, no entendimento das regras sociais, na percepção da realidade comum (ficar na sala de aula etc.), no brincar mais restrito pela escassa ou ausente capacidade de abstração, no autocuidado (controle esfincteriano, noção de perigo etc.), no autocontrole dos impulsos (birras frequentes e inadequadas para a idade etc.), na aprendizagem por imitação e nos assuntos que lhe são exigidos (aqueles que são de seu interesse podem estar, inclusive, adiantados em relação à idade) etc. Como complemento, também é característico a menor frequência e duração dos comportamentos adequados.

---

[2] Vide Capítulo Escalas e Testes.
[3] Vide Capítulo Escalas e Testes.

As Diretrizes de Atenção à Reabilitação da Pessoa com Transtornos do Espectro do Autismo (TEA) (MINISTÉRIO DA SAÚDE, 2014) trazem indicadores de alerta agrupados por faixa etária e domínios como interação social, linguagem, brincadeiras, alimentação, sendo que a faixa que contêm menos informação é de menores de um ano.

O diagnóstico clínico é sempre antecipado pela suspeita, e a forma mais eficaz desse processo é conhecer as características gerais de bebês saudáveis como: alegres, curiosos com pessoas (preferem olhar rostos de pessoas a objetos), demonstram prazer no contato físico, buscam atenção das outras pessoas, buscam pelo olhar das outras pessoas, apresentam intenção de comunicar, demonstram alternância alegria com irritação, acordado com dormindo, apresentam respostas motoras diversificadas e tem comportamento "similar" entre Pais e os outros. Os bebês afetados pelo autismo não apresentam tais comportamentos tão clara e marcadamente, sendo menos frequentes e regulares, duram menos tempo, ocorrem em situações seletivas, dependem de mais esforços e de estratégias dos adultos (p. ex.: para a criança responder ao nome, usam tom de voz mais alto, balançam as mãos em frente a seu campo visual etc.).

Embora haja a possibilidade de diagnóstico clínico antes de 6 meses, onde um dos sinais comuns é a falta, menor frequência e duração de olhar para a mãe enquanto amamenta, mas na grande maioria das crianças os sinais ficam evidentes a partir do segundo semestre.

Há três tipos de evolução: sempre com atraso no desenvolvimento, algum grau de regressão já com presença de atrasos no desenvolvimento e regressão plena. A ocorrência encontrada em pesquisa (CAMARGOS, 2014) foi: sempre com presença de atrasos no desenvolvimento (74%), regressão parcial, na qual a criança já apresentava atrasos no desenvolvimento, adquiriu alguma habilidade (como falar, por exemplo) e perdeu essa capacidade (17%), evolução normal, ou bem próximo da normalidade seguido da instalação de quadro clínico de AI antes dos 36 meses de idade – regressão plena, (8%)

O Diagnóstico Diferencial e comorbidades mais frequentes são: os retardos mentais, epilepsias, os déficts sensoriais, marcadamente o déficit auditivo/surdez, os transtornos de linguagem, a Apraxia da fala, a Síndrome de Landau-Kleffner, Síndrome de Rett e a hiperatividade severa.

Os encaminhamentos para avaliações de especialidades médicas que se fizerem necessárias são decorrentes do exame clínico (como pela presença de dismorfismos, eventos epiléticos durante a consulta etc), da História Pregressa da criança (prematuridade, epilepsia, intolerância alimentar, etc), da História de Família (epilepsia, intolerância alimentar etc) e do gênero pois, é sabido que as meninas apresentam mais comorbidades médicas (AMIET *et al.*, 2008), resultando na necessidade de avaliações em outras especialidades médicas, mais frequentemente.

Psicofarmacologia

O tratamento psicofarmacológico para a população TEA, hoje, tem a estrita finalidade de dirimir os comportamentos que prejudicam o processo da habilitação/reabilitação já que ainda não há medicamentos específicos para o Transtorno do Autismo. A exceção é quando há transtornos específicos como epilepsia, erros metabólicos etc.

Embora a instituição do tratamento medicamentoso seja estritamente do âmbito médico, assim como de sua responsabilidade, há muitas situações em que a opinião de membros da equipe pode guiar seu raciocínio clínico, resultando em respostas terapêuticas mais eficazes. A discussão clínica dos "casos" atendidos pela Equipe Multidisciplinar é importante, tanto para uma maior precisão do tratamento medicamentoso como para a Equipe em si, além do fato que os pais sentem-se mais seguros ao saberem desse investimento conjunto em prol do/a filho/a.

O tratamento psicofarmacológico não deve ser iniciado no momento do diagnóstico, mas após a instalação dos tratamentos não médicos (Escola, Terapia Ocupacional, Treinamento de Pais, Fono etc), pois não se sabe quanto de resposta ocorrerá. A pré-escola deve ser vista também como parte do tratamento pois é lá que a criança terá a quantidade e a qualidade de estímulos que ela necessita, já que virão de seus pares (outras crianças de idade equivalente) e ela não ficará horas na frente de eletrônicos, numa verdadeira autoestimulação. Através desses tratamentos a criança evoluirá nos marcos do desenvolvimento social, comunicativo, lúdico etc, melhorando assim os comportamentos e com isso responderá de forma mais adequada às demandas dos pais. A constatação desse fato gera melhora na autoestima dos pais, pois percebem seu sucesso, e a consequente resposta, na comunicação e interação com o(a) filho(a).

Em média, após seis meses de intervenções, já é possível observar o surgimento de respostas positivas em grau significativo, quando instalado o processo da habilitação/reabilitação. Durantes as reavaliações clínicas sucessivas e com suporte de uma escala[4], comparando com a realizada anteriormente, ficará patente o quanto a criança melhorou e o profissional decidirá se aguardará mais para uma intervenção medicamentosa ou não. Algumas situações,

---

[4] O autor usa o M-Chat.

se frequentes, são indicativas de adiamento da intervenção medicamentosa, como:

- a avaliação do médico, em equipe, indicar que a falta de algum recurso terapêutico não instituído na primeira etapa possa suprir essa falta;
- a idade da criança ainda possibilita a espera de alguns meses, sem prejuízo para o desenvolvimento, considerando o tempo da plasticidade cerebral;
- a família recuse.

Ou seja, embora a prescrição psicofarmacológica seja da responsabilidade única do médico, há muitas variáveis não médicas que devem ser consideradas para a decisão de quando iniciar e o objetivo a ser alcançado. Os dados fornecidos pelas escalas complementam e reforçam essa decisão e a família tenderá a demonstrar mais aceitação.

O processo terapêutico exigirá mais disponibilidade do médico para consultas não agendadas, já que ocorrerão inesperadas necessidades da família.

As medicações mais usadas atualmente, e indicadas para a faixa de idade de até 4 anos, são a Periciazina[5] e a Risperidona. A primeira é indicada para insônia e para a inquietação motora, notadamente prejudicial, tendo apresentação comercial de 1% e 4% e sua duração é de aproximadamente seis horas. A insônia crônica é extremamente prejudicial ao desenvolvimento (FADINI *et al.*, 2015; K. MASKI *et al.*, 2015) das crianças em geral (K. P. MASKI, 2015). Para a agitação motora a orientação é iniciar com a de menor

---

[5] Derivado fenotiazínico cuja comercialização iniciou na década de 1960, possui significativo efeito sedativo equivalente a levomepromazina e a clorpromazina, que também podem ser prescritas para o mesmo objetivo.

concentração em um único horário e ir aumentando a dose semanalmente (aumentar quatro gotas por semana), até que seja atingido o nível terapêutico, sem que a criança durma. Acertada a dose num período do dia, iniciar em outro com a mesma sistemática, porém já sabendo que a dose inicial deve ser próxima à do primeiro ajuste. Importante lembrar que a maioria das crianças tem mais necessidade desse tipo de medicação/maior dose à tarde e que a dose noturna só se for necessário, quando não há sono espontâneo satisfatório. A Risperidona, atualmente o medicamento mais prescrito para as pessoas com TEA, tem a indicação de minorar os distúrbios do comportamento, mas também é utilizado para melhorar os prejuízos do desenvolvimento.

Outros medicamentos podem ser necessários e os efeitos de interação entre eles devem ser obrigatoriamente avaliados. Deve-se tentar evitar a polifarmácia, a subdosagem medicamentosa e os psicofármacos que causem rebaixamento do limiar convulsígeno.

Acatisia deve ser sempre considerada em crianças medicadas com antipsicóticos que após um período de estabilidade apresentam pioras comportamentais significativas.

Algumas vezes, é necessário discutir os casos mais difíceis com outro profissional mais experiente.

Trabalho em Equipe

Este assunto é objeto de um capítulo específico e é primordial para uma boa qualidade assistencial e consequente melhora clínica da criança.

É sempre dito que o trabalho multiprofissional é o ideal, mas nunca é falado o quanto é difícil, pois, é um contínuo exercício de uma complexa equação de interação interpessoal e interprofissional, em que alguns dos fatores são a frieza da cognição no lidar com os fatos e técnicas, o respeito humano entre todas as partes envolvidas, a certeza que é a criança o pivô central de todo processo, a perseverança para a conquista de uma melhor qualidade funcional dela, e da emoção individual e coletiva, que ocorre diante de cada passo de superação.

Trabalho com a Família

A família (pais, avós, irmãos etc) constitui uma estrutura grupal única em seu objetivo de ser feliz e bem sucedida, apesar da diversidade de seus componentes (nos valores, na individualidade, na liberdade, nos desejos etc.). Os interesses podem ser muito diversos quando comparados aos dos profissionais/Equipe Multiprofissional, exceto pela melhoria do membro doente. Então, o trabalho nem sempre ocorre de forma harmônica por muito tempo.

No universo TEA, encontramos muitos pais que estão funcionalmente no Espectro do Autismo e muitos que podem ser categorizados como fazendo parte do Fenótipo Ampliado do Autismo (Cruz, 2013). Tais características devem ser identificadas pelos profissionais para terem mais chance de sucesso no tratamento da criança afetada, clinicamente. Os irmãos devem ser sempre lembrados, devendo ser orientados quanto ao que ocorre com a criança afetada e, caso haja disponibilidade, eles devem ser convidados a participar ativamente do tratamento na forma de brincar e estimular o irmão/ã afetado/a, seguindo a orientação de algum dos profissionais da Equipe.

Conclusão

Diferentemente de uma ou duas décadas atrás, hoje testemunhamos uma significativa melhora clínico funcional das crianças afetadas pelo TEA. Embora não tenhamos marcadores biológicos, que nos permitam um avanço maior, já estamos bem mais seguros da validade de indicadores de prognóstico positivo, sendo que o maior[6] ainda é a precocidade diagnóstica e do início dos tratamentos adequados e comprovados na literatura.

O médico é uma peça fundamental no processo e deve se posicionar ativamente nos quesitos referentes ao diagnóstico, à boa relação com as famílias, ao tratamento psicofarmacológico, no trabalho em Equipe e nas relações institucionais. Para isso, precisa ter clareza de seu valor e função no trabalho e estudar continuamente, sempre com a meta de alcançar a melhor qualidade técnica a ser aplicada em prol do paciente.

Referências

Amiet, C., Gourfinkel-An, I., Bouzamondo, A., Tordjman, S., Baulac, M., Lechat, P., . . . Cohen, D. (2008). Epilepsy in autism is associated with intellectual disability and gender: evidence from a meta-analysis. *Biological Psychiatry, 64*(7), 577-582.

APA (Ed.). (2014). *Manual Diagnóstico e Estatístico de Transtornos Mentais - DSM-5* (5a. edição ed.). Porto Alegre: Artmed.

Camargos, J. W., (Writer) (2008). Autismo em bebês. Brasil.

Cruz, L.L.P. (2013). O Fenótipo Ampliado do Autismo em Pais de Indivíduos Portadores do Transtorno. In Artesã (Ed.), *Síndrome de Asperger e Outros Transtornos do Espectro do Autismo de Alto Funcionamento: da avaliação ao tratamento*. Belo Horizonte.

Fadini, C. C., Lamonica, D. A., Fett-Conte, A. C., Osorio, E., Zuculo, G. M., Giacheti, C. M., & Pinato, L. (2015). Influence of sleep disorders on the behavior of individuals with autism

---

[6] Infelizmente ainda é só um indicador.

spectrum disorder. *Front Hum Neurosci, 9*, 347. doi: 10.3389/fnhum.2015.00347

Maski, K., Holbrook, H., Manoach, D., Hanson, E., Kapur, K., & Stickgold, R. (2015). Sleep Dependent Memory Consolidation in Children with Autism Spectrum Disorder. *Sleep.* doi: sp-00089-15 [pii]

Maski, K. P. (2015). Sleep-Dependent Memory Consolidation in Children. *Semin Pediatr Neurol, 22*(2), 130-134. doi: 10.1016/j.spen.2015.03.008

S1071-9091(15)00022-4 [pii]

Ministério da Saúde, Secretaria de Atenção à Saúde, Departamento de Ações Programáticas Estratégicas (Ed.). (2014). *As Diretrizes de Atenção à Reabilitação da Pessoa com Transtornos do Espectro do Autismo (TEA).* Brasília.

OMS (Ed.). (1987). *CID-10 - Classificação Estatística Internacional de Doenças e Problemas Relacionados à Saúde, Décima Revisão.*

Pereira, A, Riesgo, RS, & Wagner, MB. (2008). Autismo infantil: tradução e validação da Childhood Autism Rating Scale para uso no Brasil. *J. Pediatr, 84*(6), 487:494.

Robins, D. L., Fein, D., Barton, M. L., & Green, J. A. (2001). The Modified Checklist for Autism in Toddlers: an initial study investigating the early detection of autism and pervasive developmental disorders. *J Autism Dev Disord, 31*(2), 131-144.

Treinamento de Pais

Aline Abreu Andrade
Psicóloga

Albert Luciano Oliveira
Psicólogo

Isadora Adjuto Teixeira
Psicóloga

O que é? E qual o objetivo?

Treinamento de Pais (TP) é o nome dado ao método de trabalho colaborativo e psicoeducativo, que busca orientar os pais, para melhor intervirem junto aos filhos. É parte dos programas de tratamento baseados na Análise do Comportamento Aplicada (ABA) e tem como objetivo reduzir problemas comportamentais e promover a ampliação do repertório adaptativo da criança habilitando os pais a atuarem como co-terapeutas. Os pais têm maior poder de influência sobre o desenvolvimento dos filhos, já que são as pessoas que estão em contato continuo com eles (KAISER *et al.*, 1996; MATSON, MAHAN & MATON, 2009, MCCONACHIE & DIGGLE, 2007).

Por que o TP é importante para o tratamento do Transtorno do Espectro do Autismo (TEA)?

1) Por tratar-se de um transtorno neurobiológico com origem genética, a criança com TEA pode apresentar diminuição ou ausência de algumas respostas esperadas, desde os

primeiros meses de vida. Por exemplo, a criança não mantém bom contato ocular, não apresenta sorriso social (em resposta ao sorriso do outro), não pede colo, não se interessa por brincadeiras e brinquedos comuns para a sua idade, fazendo com que os pais tenham uma baixa interatividade.

2) Muitos pais podem ter dificuldade de estimular os filhos. Nos casos de crianças com TEA, os pais podem se enquadrar no "Fenótipo ampliado do autismo", ou seja, apresentar um ou mais traços associados ao TEA. Ou até mesmo podem apresentar quadros do Transtorno do Espectro do Autismo o que leva a uma maior dificuldade de interação de forma geral, consequentemente com os filhos.

A baixa responsividade da criança somada à dificuldade dos pais em estimular os filhos, acaba gerando um processo cíclico muito prejudicial: quanto menos a criança se interessa (reage aos pais), menos ela é estimulada e mais dificuldades reais ela apresenta, ao longo do tempo. Considerando esse importante contexto, o treinamento de pais deve ser incluído, o quanto antes, como prioridade no tratamento destinado a crianças, que apresentam atraso no desenvolvimento ou diagnosticadas com TEA. Independente da dificuldade dos pais, com orientação eles mostram ser capazes de executar as intervenções, quebrando o círculo vicioso e promovendo boas condições para o desenvolvimento do filho. (VISMARA, COLOMBI & ROGERS, 2009).

Quais são os passos do TP?

O treinamento de pais deve começar assim que os pais identificarem falta de reciprocidade dos filhos, dificuldades em manter estimulações positivas e/ou comportamentos disruptivos, o que já pode ser percebido nos primeiros meses de vida em alguns casos.

As metas da intervenção são elaboradas a partir de avaliação inicial e identificação dos déficits e excessos comportamentais da criança. A avaliação também inclui identificação do estilo parental dos pais, suas dificuldades e presença ou ausência de condições psicológicas, que necessitem de atenção especial anteriores à intervenção direta com a criança. Após este primeiro momento, alguns instrumentos podem ser utilizados para elaboração do programa individual de estratégias de intervenção, como: The Carolina Curriculum for Infants e Toddlers with Special Needs – (CCITSN) para uso com bebês de 0 até 36 meses (JOHNSON-MARTIN, HACKER & ATTERMEIER, 2004); The Carolina Curriculum for Preschoolers with Special Needs (CCPSN) para crianças na faixa de 24 a 60 meses (JOHNSON-MARTIN, HACKER & ATTERMEIER, 2004); Inventário Portage Operacionalizado – IPO (WILLIAMS & AIELLO, 2001) para crianças de 0 aos 6 anos; Perfil Psicoeducacional revisado - PEP-R (SCHOPLER, REICHLER, BASHFORD, LANSING & MARCUS, 1990); Assessmentof Basic Languageand Learning Skills, Revised (ABLLS-R) (PARTINGTON & SUNDBERG, 1998), entre outros.

Baseadas nessa avaliação, um plano de tratamento composto por metas é elaborado e apresentado aos pais, visando abranger as demandas familiares, sociais e desenvolvimentais.

No primeiro momento do treinamento de pais, é fundamental o resgate da confiança da família. Para isso, ações de estimulação do bebê ou da criança passam a ser realizadas em conjunto (terapeuta e família), mostrando aos pais que eles são competentes em promover o desenvolvimento psíquico de seu filho. Isso é fundamental, principalmente para a melhoria da autoestima da mãe, fundamental para o processo. Com a confiança e autoestima reestabelecidas, o programa individualizado é elaborado seguindo o seguinte modelo: em uma sessão é realizada a elaboração conjunta de procedimentos de estimulação/intervenção que vão de encontro às necessidades práticas de desenvolvimento da criança no dia a dia. Nas sessões que se seguem, os resultados do procedimento implementado são avaliados. Se positivos, é dada continuidade, se negativo, ajustes e adaptações são propostos, a partir da identificação das falhas. Assim, metas simples e graduais vão sendo eleitas ao longo do tratamento e, com o engajamento dos pais as mesmas são alcançadas, ocorrendo promoção efetiva da melhoria na qualidade da interação dos pais com a criança, devido à diminuição de comportamentos disfuncionais e desenvolvimento de habilidades funcionais.

Comportamentos disfuncionais

Em alguns casos, ao avaliar o repertório comportamental são identificados padrões disfuncionais. Nesses casos, os comportamentos inadequados precisam ser um dos focos de intervenção, para diminuição de frequência, principalmente se na avaliação for concluído que os mesmos podem dificultar ou impedir o desenvolvimento das estratégias de ensino e interações positivas.

Os comportamentos inadequados podem variar amplamente de caso a caso, mas as estratégias de intervenção para diminuição de sua frequência não vão depender do comportamento em si, mas sim da função que ele possui. Cada função exige um tipo de intervenção adequada. Sendo assim, no treinamento de pais, a família aprende a identificar as funções dos comportamentos e são capacitados a aplicar as estratégias adequadas. O manual traduzido por pais, em conjunto com profissionais, "Ajude-nos a aprender: um Programa de Treinamento em ABA (Análise do Comportamento Aplicada) em ritmo autoestabelecido" (LEAR, 2004) apresenta instruções detalhadas sobre extinção de comportamentos inadequados e estratégias de ensino adequadas, para crianças com TEA que são complementares ao presente capítulo.

Comportamento de Fuga de demanda

O comportamento possui função de "fuga de demanda" quando o adulto faz uma exigência ou dá uma instrução para a criança e a mesma se comporta com a intenção de evitar ou atrasar a realização. Por exemplo: a mãe dá ordem para a criança ir tomar banho e a criança se joga no chão ou se morde. Se a mãe desistir de levar a criança ou esperá-la se "acalmar", provavelmente, na próxima vez que a mãe der a mesma ordem, a criança vai repetir o comportamento. Ao contrário, formas mais adequadas de agir neste caso são: 1) Ir *até o fim com a exigência feita*: o adulto deve garantir que a criança realize a ação; 2) *Diminuir atenção ao comportamento inadequado:* não manter contato ocular ou diálogo; 3) *Ensinar linguagem adequada, para se expressar,* visando substituir o comportamento inadequado, por um adequado (o que só é possível quando a criança é verbal); 4) *Prevenir o comportamento:* antes de qualquer manifestação inadequada, adicionar estímulo que aumente a chance da criança atender à demanda (por exemplo, escolher um brinquedo legal, para levar para o banho).

Comportamento autoestimulatório

Crianças com TEA podem apresentar comportamentos repetitivos e estereotipados, que podem ter função calmante ou excitante. Alguns comportamentos comumente observados são: "agitar as mãos" (*flapping*), pular, enfileirar objetos, repetir verbalizações, entre outros. Esses comportamentos se tornam preocupantes quando são excessivos a ponto de dificultar a interação com os pais e interferir no aprendizado, já que a criança passa a ocupar o tempo de desenvolver novas habilidades com a repetição desses comportamentos. Nestes casos, formas corretas de agir são: 1) *Mantenha o comportamento sob controle dos pais:* os pais podem interagir com a criança, incentivando outras ações e permitir a realização do comportamento autoestimulatório, ao finalizar a brincadeira ou interação. 2) *Redirecionar o comportamento:* associar o comportamento a uma atividade, para que ele passe a ter função. Por exemplo: se o comportamento repetitivo for pular, pode ser inserido o pular em danças ou canções. 3) *Ocupar a criança:* manter atenção individualizada em atividades programadas, evitando que a criança fique muito tempo sem ocupação. 4) *Não dar atenção e elogiar outros comportamentos*: os pais devem evitar chamar atenção, para interromper o comportamento repetitivo e passar a elogiar outros comportamentos adequados, que a criança apresentar.

Comportamento de busca de atenção

A criança se comporta inadequadamente para ter acesso à atenção das outras pessoas. Por exemplo: Uma criança grita para que os pais venham até ela, para conseguir o tablet ou para sair de casa. Se os pais disponibilizarem o que a criança solicita imediatamente após a criança gritar, ela provavelmente, repetirá esse comportamento futuramente. Formas corretas de agir neste caso, são: 1) *Não dê atenção ao comportamento inadequado*: garantir a segurança da criança, sem manter contato ocular ou conversar com ela. 2) *Ensine a obter o que quer, com comportamentos adequados*: exigir da criança outro comportamento que seja adequado, para solicitar o que deseja. É importante salientar que, ao agir desta forma (extinção associada a reforço diferencial de outro comportamento) o comportamento inadequado inicialmente, aumenta de frequência, mas com a repetição e persistência das pessoas, que convivem com a criança em manter a estratégia o comportamento, passa a reduzir até ser extinto.

Orientações Fundamentais

Algumas orientações podem ser consideradas fundamentais independente da peculiaridade de cada caso, se pensadas a partir da idade da criança. Elas serão descritas abaixo como orientações para os pais de forma geral, sobre comportamentos a serem evitados e comportamentos a serem praticados, desde o nascimento até os quatro anos de idade.

Primeiro ano de vida

Comportamentos a serem evitados

- Desistência. Desistir de envolver a criança passiva em uma "conversa", brincadeira ou atividade pode ser muito prejudicial. As crianças, que muito cedo apresentam passividade e desinteresse, acabam sendo menos estimuladas. No entanto, são essas crianças, as que, certamente, não podem ficar sem estímulos e que mais necessitam deles.
- Dominar a interação. Pais que não permitem que a criança explore e tenha sua vez. Determinam tudo como deve ser feito, sem interagir naturalmente com ela, de forma espontânea. Torna a interação automatizada, pouco motivadora para a criança, prejudicando a responsividade.
- Ignorar ou não prestar atenção à criança. Esse estilo de comportamento dos pais, no qual há falta de iniciativas em promover brincadeiras e "conversas" pode se apresentar por depressão materna, por cansaço

excessivo, preocupação ou pela pessoa ser indiferente a esses aspectos da interação social.

Comportamentos a serem praticados

- Entrar em sintonia com o bebê. Muitos pais, na lida diária, apenas reagem ao comportamento dos filhos; isso é muito pouco. É fundamental que os pais assumam postura ativa, criando situações, brincadeiras, iniciando comunicação, apresentando estímulos novos de forma altamente motivadora. Isso exige que o familiar seja persistente, não se preocupando em parecer "bobo" ou infantil. Por mais que a criança se apresente desinteressada, são as interações ricas e contínuas, que promovem ampliação dos interesses e da comunicação.

- Manter contato ocular. Muitos aprendizados são adquiridos por imitação; bebês buscam muito o olhar; é assim que ele será capaz de reproduzir qualquer aprendizado, futuramente. Ficar atento; se a criança apresentar pouco contato ocular, ela deve ser estimulada, sendo necessário proximidade, se manter no máximo 30 cm de distância do bebê, reforçando cada troca de olhar.

- A brincadeira é você. Praticar jogo vocal e brincadeiras de contato sem objetos. Os pais são "A Brincadeira" e não os objetos da brincadeira. Responder a qualquer som emitido pela criança de forma engraçada, mantendo contato ocular, incluindo contatos físicos e estímulos como cócegas e carinhos, sempre dando significado para as ações do bebê. Os bebês normalmente adoram essa brincadeira e demonstram com sorrisos e movimentos que querem continuar a troca. Se a criança não se mostra interessada, os pais devem

continuar e *ir* descobrindo que tipo de contato, barulho agrada seu filho, ampliando, assim, as opções de atividades sem brinquedo (diádicas).
- Praticar o "Manhês". É a forma de falar, que comumente as mães utilizam com os bebês. Caracteriza-se pelo prolongamento de vogais e aumento da frequência, tornando a fala mais lenta, aguda e musical. (MEHLER & DUPOUX, 1990). A modulação da fala do adulto, quando dirigida à criança, auxilia, significativamente, na percepção do enunciado pelo infante (SEIDL & JOHNSON, 2004).
- Ensinar responsividade. Os pais precisam ensinar à criança, que o comportamento dela tem consequências imediatas no mundo, que para todo comportamento terá um retorno (Exemplos de práticas: responder às vocalizações com estímulos positivos, estimular o desenvolvimento da habilidade de troca de turno – ora um, ora o outro).
- Conversar muito. A única forma para o bebê conseguir construir a linguagem e ser estimulado a tomar iniciativas na interação é através do diálogo. Os pais têm que dialogar com o bebê: falar, esperar que ele responda e reforçar toda iniciativa de interação vinda da criança, mesmo que seja por um som, sorriso ou movimento – instigar estas respostas interativas e não desistir, principalmente, se o filho se mostrar desinteressado, descobrir estímulos que o interessam.
- Compartilhar atenção. Apresentar objetos, para mediar a interação, com o objetivo da criança compartilhar o interesse pelo brinquedo com os pais. Os pais devem ficar atentos, para estimular que a criança troque olhares com eles, enquanto os dois exploram o objeto. O

objetivo é que o brinquedo seja instrumento para aumentar a troca entre eles, e não que ele seja o único foco da criança, já que os pais também devem continuar sendo o foco do bebê! É assim que os bebês começam a perceber o estado emocional das pessoas. Esta sintonia (o compartilhar seguido de empatia) deve ser ampliada com o passar do tempo, pois auxiliará a criança no desenvolvimento futuro da compreensão acerca das emoções, desejos, vontades, pensamentos e crenças dos outros.

Importante: tudo que foi descrito deve ser mantido e aperfeiçoado nos próximos anos.

Segundo ano de vida

Comportamentos a serem evitados

- Distanciamento. Importante nessa fase que os pais observem se estão dedicando tempo, para direcionar a fala ao seu filho, exclusivamente. A fala paralela ouvida pela criança sem ser direcionada a ela (com proximidade e contato ocular) não é compreendida, "para um bebê é como passar várias horas em terra de alienígena" (McGuinness, 2006, p. 116).
- Crenças disfuncionais. Perceber que os filhos têm dificuldades reais pode gerar nos pais sentimentos e crenças que os impeçam de alcançar ganhos. Por exemplo, uma mãe que sente culpa, pena do filho, acreditando que ele seja incapaz pode não conseguir exigir do filho e passa a amenizar seu desconforto fazendo tudo por ele, prejudicando seu desenvolvimento.
- Proibições usadas de forma excessiva. Consiste em focar no que a criança não deve fazer, em detrimento

de reforçar o que é esperado. Isso bloqueia a interação, o vínculo e a comunicação.

Comportamentos a serem praticados

- Ser reforçador para seu filho. O esforço dos pais deve ser dar sempre retorno positivo aos filhos, elogios. Um dos desafios que não pode ser deixado de lado pelos pais é o de conquistar a motivação das crianças e o interesse do filho por ele. Os pais devem associar conteúdos de muito interesse da criança àquilo que ela não se interessa, mas o mais importante é buscar que a interação seja motivadora.
- Praticar a "fala direcionada". À medida que a criança desenvolve a fala, principalmente no fim do segundo ano, os pais devem deixar o "manhês", dando lugar à "fala direcionada". Falar de forma simples, clara e correta, mantendo o contato ocular é fundamental.
- Estimular a comunicação da criança. A criança se comunica antes de desenvolver a fala em si. Se a criança não consegue se comunicar bem gestualmente e apresenta pouca evolução na fala, isso pode prejudicar seu desenvolvimento em muitas outras áreas. Sendo assim, os pais devem ser orientados a buscar ajuda adicional, para estimular a comunicação do filho o quanto antes junto à fonoaudiologia.
- Brincar e estimular o faz de conta. Ao longo do segundo ano, a criança usa da imaginação para brincar e a aquisição do raciocínio abstrato é fundamental para o desenvolvimento de inúmeras capacidades importantes. Nessa fase, os pais devem separar momentos diários, para brincar com seus filhos, criando brincadeiras de faz de conta com objetivo de envolvê-la e estimulá-la a usar a imaginação.

- Fazer COM a criança e não POR ela. Aos poucos a criança deve se tornar independente, mas ela pode ter dificuldade de realizar atividades, como as de autocuidado, se os pais anteciparem tudo para ela, sem exigir sua participação. Enquanto os pais não derem ordens e ajudar a criança a executar, essas aquisições podem não acontecer. É fundamental que desde cedo os pais ajudem os filhos a executar aquilo que não sabem, não fazendo por eles, mas sim com eles e aos poucos irem diminuindo a ajuda, até que a criança tenha independência. Isso mantém a criança motivada, pois evita os erros no aprendizado, que desmotivam.
- Estimular interação com outras crianças: foco na imitação. Para estimular a interação social é fundamental que haja convívio com outras crianças, convidar colegas para ir em casa. Mais importante ainda é que os pais aproveitem os encontros, auxiliando o filho a realizar trocas reforçadoras com seus pares, não apenas assistir, atuar dando modelo, estimulando principalmente a imitação.

Importante: todas as dicas devem ser mantidas, aumentando a exigência nos próximos anos.

Terceiro e quarto ano de vida

Até os quatro anos, a memória da criança consegue organizar apenas rotinas, "o trem de lembranças da criança antes dos quatro anos é um trem descarrilado e desconexo" (McGuinness, 2006, p. 162), por isto, os pais têm papel fundamental, ajudando os filhos a reconstruir eventos passados. Eles devem ser estimulados a exercerem a postura de auxiliarem os filhos a recordar com o hábito de relatar eventos, construindo narrativas completas, claras com linha de tempo bem definidas.

Comportamentos a serem praticados:

- Estimular a memória. Importante que os pais assumam postura elaborativa. A criança terá mais facilidade de recordar de eventos, se os pais focarem na reconstrução de fatos vivenciados por ela, que foram impactantes.
- Prever e organizar eventos. Crianças com TEA geralmente possuem grande necessidade de prever os acontecimentos, já que situações imprevisíveis podem gerar grande desconforto, aumentar ansiedade e até aumentar a frequência e a intensidade de comportamentos inadequados. Em contrapartida, elas possuem boa memória visual. Os pais devem criar o hábito de avisar com antecedência sobre os acontecimentos na rotina, principalmente sobre os que saem da rotina. Utilizar recursos visuais, ao relatar eventos, com fatos em sequência, organizados por imagens, pode auxiliar bastante na diminuição da ansiedade e desconforto. (Exemplo de materiais: rotina visual, história social e cartões de enfrentamento).
- Nomear emoções. Os pais devem criar o hábito de nomear as emoções do filho, em figuras e relatar o estado emocional das pessoas, desde cedo, para que a criança consiga depois decodificá-las. Isso é importante, principalmente para crianças com TEA, que possuem maior dificuldade de compreensão desses conteúdos, em relação às crianças com desenvolvimento típico.

O desenvolvimento após o quarto ano de vida

As orientações anteriores são fundamentais para que os pais atuem garantindo a aquisição dos pré-requisitos necessários para o desenvolvimento de inúmeras outras habilidades. A consolidação dessas habilidades é o alicerce do desenvolvimento de noções mais complexas após os quatro anos, tais como:

- Estruturar relações entre passado, presente e futuro.
- Relembrar e relatar eventos passados, em sequência.
- Recontar histórias.
- Se colocar no lugar do outro e compreender que os desejos, vontades, pensamentos e crenças dos outros podem ser diferentes dos seus (Teoria da Mente).
- Leitura e a escrita.

É papel do psicólogo

- Antes de programar qualquer intervenção, realizar avaliação do estilo parental dos pais, para que seja criada uma estratégia individualizada de tratamento. A mesma permite ao psicólogo conhecer profundamente a estrutura e organização familiar, suas crenças disfuncionais, seus pontos fortes e fraquezas, pois, sem isso, a chance de engajamento dos pais na terapia diminui muito.
- Identificar nos pais presença de questões psicológicas, que prejudiquem o tratamento, como a resistência ao diagnóstico, ansiedade, depressão, entre outros. As mesmas devem ser incluídas ao plano inicial de tratamento. Se identificado possíveis transtornos ou quadros psiquiátricos, encaminhá-los para devida avaliação e/ou tratamento específico.
- Realizar avaliação, observação da criança e da interação familiar, em ambiente natural periodicamente.
- Elaborar um trabalho psicoeducativo, que proponha aos pais um melhor entendimento sobre o TEA, suas

características e possível evolução, possibilitando-lhes identificar e distinguir comportamentos inadequados dos sintomas do transtorno, conduzindo a um relacionamento mais saudável.
- Fornecer aos pais ferramentas para a redução de problemas comportamentais da criança, visando também redução do estresse parental.
- Garantir, que os primeiros objetivos trabalhados, no treinamento de pais, sejam simples, para que o sucesso inicial os motive.
- Dar modelos de estímulo para o brincar funcional e da brincadeira simbólica, de faz de conta, já que muitas famílias têm dificuldade de interação lúdica com seus filhos com TEA.
- Levar os pais a refletirem sobre seus comportamentos e aperfeiçoar suas estratégias de educação, baseando-se em princípios éticos e promoção do desenvolvimento humano.
- Ter sensibilidade suficiente, para perceber os conflitos que as suas orientações estão causando no ambiente familiar e buscar uma forma de adequá-las ao fluxo de mudanças, que os pais podem suportar, amparando-os e encorajando-os a continuar, sempre que necessário.
- Ampliar o trabalho de orientação, para que seja feito paralelamente e continuamente, no contexto escolar do paciente, acompanhando ou conduzindo o processo de inclusão escolar.

É papel dos pais

- Frente aos primeiros sinais de atraso no desenvolvimento, tomar iniciativa de buscar avaliação e treinamento de pais. Não é necessário iniciar intervenção apenas frente a um diagnóstico. Sendo iniciada precocemente, a intervenção torna o prognóstico positivo em qualquer que seja a condição ainda não identificada.

- Se enxergar como principais peças para evolução de seus filhos.
- Estarem dispostos a implantar as recomendações e estratégias em seu cotidiano, reconhecendo que o engajamento no tratamento do filho é um alto preditor de sucesso;
- Quando necessário, buscar apoio, para que fragilidades emocionais não influenciem o tratamento da criança.

Considerações finais

No tratamento das crianças com Transtorno do Espectro do Autismo, o ganho é visivelmente ampliado, adotando-se um modelo de intervenção cooperativo em que o paciente, família e escola sejam vistos todos como membros de uma equipe multidisciplinar. Sendo assim, o treinamento de pais constitui-se como uma importante estratégia de transformação e assegura que os princípios e comportamentos adquiridos no ambiente terapêutico sejam transferidos para o ambiente onde a criança vive.

Referências

Johnson-Martin, N. M., Hacker, B. J. & Attermeier, S. M. (2004).*The Carolina Curriculum for Infants and Toddlers with Special Needs (CCITSN)*, Third Edition.

Kaiser A. P., Hemmeter M. L., Ostrosky M. M., Fischer, R., Yoder, P. & Keefer, M. (1996). The effects of teaching parents to use responsive interaction strategies. *Topics in Early Childhood Special Education,* 16, 375–406.

Lear, K. (2004). *Ajude-nos a Aprender. (Help us Learn: A Self-Paced Training Program for ABA Part 1: Training Manual).* Traduzido por Windholz, M. H.; Vatavuk, M. C.; Dias, I. S.; Garcia Filho, A. P. e Esmeraldo, A. V. Canadá,.

Matson, M. L., Mahan, S., & Matson, J. L. (2009). Parent training: A review of methods for children with autism spectrum disorders. *Research in Autism Spectrum Disorders,* 3, 868–875.

McConachie, H., & Diggle, T. (2007). Parent implemented early intervention for young children with autism spectrum disorder: A systematic review. Journal of Evaluation in Clinical Practice, 13(1), 120-129.

Mcguinness, D. (2006). *Cultivando um leitor desde o berço: a trajetória de seu filho da linguagem à alfabetização.* Tradução: Rafaela Ventura. Rio de Janeiro, Record.

Mehler, J., Dupoux, E. (1990). *Nascer Humano.* Lisboa: Instituto Piaget.

Partington, J. & Sundberg, M. L. (1998) – The assessment of basic languageand learning skills – The ABLLS. Behavior Analysts, Inc.

Schopler, E., Reichler R. J., Bashford, A., Lansing, M. D., & Marcus, L. M. (1990). *Psychoeducational Profile Revised* (PEP-R). Texas: Pro-ed.

Seid A. & Johnson E. Infant Word segmentation revisited: edge alignment facilitates target extraction. *Dev Sci.* 2006; 9(6): 565-73.

Vismara, L. A., Colombi, C., & Rogers, S. J. (2009). Can one hour per week of therapy lead to lasting changes in young children with autism? *Autism,* 13, 93-115.

Williams, L. C. A.; Aiello, A. L. R.(2001). *O Inventário Portage operacionalizado: intervenção com famílias.* São Paulo: Memnon.

Atendimento à criança

Vivianne Lima Campos Moura
Psicóloga
Aline Abreu Andrade
Psicóloga
Lídia Lima Prata Cruz
Psicóloga

O tratamento à criança com autismo requer o trabalho de uma equipe multidisciplinar, além da participação de todos aqueles que, de alguma forma, convivem com ela (família, escola, etc). A condução das intervenções, de forma coordenada entre os diferentes contextos da criança, leva a uma maior efetividade das intervenções, visto que aumenta a probabilidade de generalização das habilidades, para os diferentes ambientes.

Fases do tratamento

O primeiro momento do processo sempre consiste em fazer um levantamento dos comportamentos disruptivos, das habilidades esperadas em cada faixa etária, que ainda não foram desenvolvidas pela criança e do "incômodo" que os pais/cuidadores vivem em relação ao comportamento da criança e o que desejam da psicoterapia. Este processo ocorre através de coleta de informações com os pais, escola e outros profissionais que atendem o paciente, além da observação da criança em casa e na escola. (CONTE, 1993, REGRA, 2000).

A aplicação de inventários quantitativos contribuiu para o processo de avaliação da psicologia, assim como para, em um segundo momento, ser possível mensurar o progresso no tratamento. O processo de avaliação da criança e elaboração do plano de psicoterapia envolve a análise funcional dos comportamentos adequados e inadequados, buscando compreender o comportamento e esclarecendo sua função. De forma geral, as funções dizem respeito à obtenção de estímulos prazerosos ou à evitação de estímulos aversivos. Para tanto, na avaliação será realizada uma análise das contingências de reforço envolvidas.

> Uma formulação das interações entre um organismo e o seu meio ambiente, para ser adequada, deve sempre especificar três coisas: 1) a ocasião na qual ocorreu a resposta, 2) a própria resposta e 3) as consequências reforçadoras. As relações entre elas constituem as contingências de reforço (SKINNER, 1975, p. 182).

Então, é necessário identificar quais antecedentes alteram a probabilidade de uma dada resposta, assim como quais são as consequências que se seguem. Para isto, é importante a observação direta em ambiente natural, de modo a investigar as ocasiões em que tais comportamentos ocorrem ou deixam de ocorrer e as suas consequências.

Entre as informações necessárias para se elaborar o plano da psicoterapia estão:

- Quais comportamentos deverão ser instalados ou extintos.
- Quais são os ambientes, contextos e pessoas envolvidas em cada comportamento.
- Quais são as prioridades dos pais e dos profissionais da escola.
- Qual será a forma de intervenção: diretamente com a criança ou indiretamente (através de acompanhantes terapêuticos, pais, professores, outros profissionais).

Depois de definido o plano de tratamento, ele deverá contemplar todas as áreas de desenvolvimento da criança, como: Comunicação Receptiva, Comunicação Expressiva, Habilidades Sociais, Imitação, Cognição, Brincadeira (habilidade de brincar, faz de conta), Coordenação motora fina e grossa, Comportamento (por exemplo, birras, estereotipias, etc), Autocuidados e Independência Pessoal.

Esse plano de tratamento permite abordar o desenvolvimento integral da criança, evitando um enfoque excessivo em uma área de aprendizado em detrimento das demais. O plano psicoterápico da criança deve explicitar claramente as metas do desenvolvimento que se quer alcançar, bem como sobre os meios específicos de trabalhar para alcançar tais metas. Além disso, deve contemplar os comportamentos que devem ser estimulados a aumentar a frequência (como contato ocular) e os que deverão diminuir a frequência ou serem extintos (como comportamentos de autoagressão, etc), que são abordados no capítulo "Treinamento de Pais".

A seguir, há um quadro de opções de metas amplas, separadas por áreas a serem trabalhadas e níveis de complexidade (básicos, intermediário e avançado). Na medida em que a criança domina uma etapa, passa-se para a próxima. Esse quadro ilustra apenas um padrão, porém nem todas as crianças o seguem. Não é uma sequência rígida. A avaliação irá oferecer informações, que permitem ao profissional traçar os passos de forma individualizada e por onde começar.

Quadro 1 – Exemplos de metas amplas de Cognição

Básico	Intermediário	Avançado
Parear objetos idênticos; figuras idênticas; objeto a figuras; cores; formas; letras e números	Parear itens de uma mesma categoria	Parear palavras escritas a objetos
Completar atividades simples, independentemente	Oferecer uma quantidade de itens especificada	Ler palavras comuns
Identificar cores	Parear número a quantidade	Nomear os sons das letras
Identificar letras	Parear letras maiúsculas e minúsculas	Nomear uma palavra que começa com o som de alguma letra
Identificar números	Parear palavras iguais	Escrever palavras de memória
Contar de 0 a 10	Identificar mais e menos	Soletrar palavras simples
Contar objetos	Sequenciar números e letras	Identificar sinônimos
	Copiar números e letras	Explicar significado de palavras que conhece
	Identificar seu nome escrito	Identificar números ordinais

Fonte: MAURICE, Catherine; GREEN, Gina; LUCE, Stephen, C, 1996.

Quadro 2 – Exemplos de metas amplas de Linguagem Receptiva

Básico	Intermediário	Avançado
Seguir instruções de um passo	Seguir instruções de dois passos	Seguir instruções de três passos
Identificar partes do corpo	Identificar objetos que estão no ambiente, descritos pelo adulto.	Seguir instruções complexas realizadas à distância
Identificar objetos em imagens	Identificar lugares (escola, hospital, restaurante, etc)	Nomear pessoa, lugar ou objeto, quando descritos por alguém
Identificar objetos no ambiente	Identificar ambientes da casa	Identificar o item que não pertence ao grupo ou à categoria
Apontar para uma figura em um livro	Buscar objetos que estão fora de sua visão	Responder perguntas: como, onde, quando e porquê, sobre uma pequena história
Identificar pertences (meu, seu, da mamãe, etc)	Responder sim ou não diante de questões sobre objetos e ações	Responder perguntas: como, onde, quando e porquê, sobre um assunto
Identificar pessoas familiares	Identificar profissões comuns (bombeiro, médico, etc)	Encontrar objetos escondidos, a partir de dicas verbais
Identificar sons ambientais	Responder a perguntas: o quê, quem, como, onde, quando e porquê.	Seguir a instrução do comando: "pergunte" versus "diga"

Fonte: MAURICE, Catherine; GREEN, Gina; LUCE, Stephen, C, 1996.

Muitas vezes, as áreas de desenvolvimento se misturam, como se pode observar no quadro 3, no qual os exemplos de metas amplas de imitação, englobam tarefas de motricidade.

Quadro 3 – Exemplos de metas amplas de imitação

Básico	Intermediário	Avançado
Imitar movimentos de motricidade grossa	Imitar movimentos de motricidade grossa em pé	Imitar sequências complexas
Imitar ações com objetos	Imitar uma sequência de movimentos	Imitar brincadeiras de outras crianças
Imitar movimentos de motricidade fina	Imitar sequência de ações com objetos	Imitar respostas verbais de outras crianças
Imitar movimentos motores orais	Copiar desenhos simples	Imitar ações pareadas com sons
	Imitar padrões com blocos	

Fonte: MAURICE, Catherine; GREEN, Gina; LUCE, Stephen, C, 1996.

As formas de atingir os objetivos gerais recebem nomes variados, tais como metas específicas, estratégias, técnicas, tarefas. Elas são os meios pelos quais visamos alcançar uma meta ampla de tratamento. Por exemplo, para uma certa criança, a psicoterapia tem como meta ampla de desenvolvimento o "aumento da frequência do contato ocular". Diante disto, o profissional estabelece como meta específica a seguinte intervenção: "Sempre que for mostrar um objeto à criança, mostrá-lo perto do seu rosto".

De forma sintética, temos a seguinte condução do tratamento:

Meta Geral de Desenvolvimento: Aumentar a frequência do contato ocular.

Meta específica (estratégia): sempre que for mostrar um objeto à criança, mostrá-lo perto do seu rosto.

Esta estratégia, se realizada com frequência e consistência, auxiliará a criança alcançar a meta geral de "aumento da frequência do contato ocular". Para tal, todos os outros profissionais e cuidadores envolvidos com a criança deverão estar cientes desse objetivo que está sendo trabalhado e terem acesso a esta técnica/tarefa, devendo/podendo utilizá-las ao longo das sessões de intervenção e no cotidiano da criança. A estimulação desta habilidade com alta frequência e em diferentes ambientes aumenta a probabilidade de aquisição e generalização do comportamento enfocado. Deve-se destacar ainda que, para que todos os envolvidos com a criança sejam capazes de implementar a intervenção, esta deve ser apresentada pelo profissional de forma simples e operacional, explicitando claramente qual é o comportamento esperado.

A seguir são citados alguns exemplos a serem evitados, de metas apresentadas de forma pouco clara e operacional:

- "É importante que a criança olhe para o seu rosto, enquanto olha os objetos."
- "A criança não pode ficar vendo os objetos de forma desvinculada do social."
- "Não deixar a criança ficar explorando o brinquedo, sem estar olhando para você."

A elaboração das metas de forma clara e concreta, em termos comportamentais, auxilia a compreensão da estratégia a ser utilizada. Como destacado nos exemplos, ao estabelecer uma meta específica, o profissional deve usar a fala positiva, apontando o que as pessoas *devem fazer*, como uma meta operacional que indica *o que deve ser feito*. Assim como, deve-se fazer uso de expressões concretas, que possam ser interpretadas de forma única, mesmo que por diferentes leitores. A clareza a respeito das metas específicas de cada tratamento torna-se uma força unificadora entre os profissionais envolvidos no tratamento e a família, auxiliando na priorização sobre o que deve ser estimulado, evitando que a família ou os profissionais se sintam perdidos e permitindo a concentração de esforços de todos no sentido de alcançar as metas definidas. Com isso, um trabalho interdisciplinar, onde os outros técnicos e a família participem ativamente do processo, torna-se fundamental para que todos fiquem a par do que se está trabalhando, como as intervenções estão sendo feitas e quais as metas a serem atingidas. Para tal, é essencial que os objetivos não se percam durante a rotina do dia a dia. Em vez disso, abraçando objetivos comuns desenvolve-se uma relação de colaboração e senso de equipe, necessários para a efetividade do tratamento (STAPLES & DILIBERTO, 2010).

Modalidades de intervenção

A psicoterapia da criança com TEA (Transtorno do Espectro Autista) com até 4 anos pode ocorrer por Treinamento de Pais somente, atendimento à criança sem a presença dos pais, atendimento da criança com observação dos pais e atendimento da criança com participação ativa dos pais. Cada uma das modalidades tem prós e contras e o ponto é qual delas se encaixa no perfil de necessidade da referida questão, já que cada pessoa tem uma necessidade específica e o psicólogo deve ser capaz de avaliar este ponto com precisão.

Quadro 4 – Modalidades de Intervenção

Modalidade	Como funciona	Prós	Contras
Treinamento de pais	Sessões com os pais e/ou cuidadores. É um trabalho de psicoeducação, que mescla explicação sobre o que é o autismo e sua repercussão no comportamento da criança e um treinamento na maneira de agir dos adultos com a criança, para mudar o comportamento indesejado / disruptivo da criança.	As intervenções são explicadas detalhadamente para a família, de modo que eles compreendam a base do raciocínio do tratamentoe, a partir deentão, implementemas intervenções com alta frequência.	Algumas vezes, a família não se encontra em condições de realizar as intervenções com a criança. Além disso, o fato das orientações serem passadas de forma teórica (sem os pais verem na prática), pode gerar interpretações errôneas sobre a condução. Por fim, a gravidade dos sintomas pode fazer com que a orientação à família seja insuficiente, para alcançar o desenvolvimento esperado.
Atendimento à criança em consultório sem a presença dos pais	A estimulação das habilidades será realizadaspelo psicólogo	O psicólogo consegue organizar um contexto de ensino estruturado e apropriado para a aprendizagem. O ambiente mais estruturado muitas vezes é necessário para iniciar o ensino de habilidades. O psicólogo já possui os conhecimentos teóricos que embasam o tratamento, realizando a intervenção de forma acurada desde o início.	Os pais não tomam muito conhecimento sobre o que é realizado na sessão. Assim, eles não adquirem habilidade de estimular a criança, dificultando a implementação de mudanças no ambiente do cotidiano. Esta modalidade de intervenção dificulta a generalização de habilidades aprendidaspela criança, uma vez que o treino é realizado somente em um ambiente e com uma só pessoa. O psicólogo pode não abordar as dificuldades da criança no fora da sala do consultório.

Quadro 4 – Modalidades de Intervenção (*continuação*)

Modalidade	Como funciona	Prós	Contras
Atendimento da criança em consultório com observação dos pais	Em um cantinho da sala ou atrás de uma janela de vidro, os pais observam as intervenções sendo feitas com a criança e como conduzi-las, sendo proativos no processo.	O psicólogo consegue organizar um contexto de ensino estruturado e apropriado para a aprendizagem dos comportamentos esperados O terapeuta serve como modelo para os pais sobre a forma de estimulação da criança para aquisição da habilidade.	Os pais podem ter dificuldades de transpor o conhecimento do que é demonstrado pelo terapeuta para a sua prática diária com a criança. A família pode ficar incomodada ou se sentir incapaz, diante da demonstração do psicólogo sobre a forma de intervir, uma vez que este possui embasamento teórico e a pratica na execução das intervenções, podendo atingir o objetivo proposto com maior destreza, em menor tempo.

Quadro 4 – Modalidades de Intervenção (*continuação*)

Modalidade	Como funciona	Prós	Contras
Atendimento da criança em consultório com participação ativa dos pais	A estimulação das habilidades será realizada de forma intercalada pelo psicólogo e pelos pais. Através de uma demonstração, o psicólogo fornece o modelo ou comando prático e os pais executam. Esta modalidade de intervenção possui alta eficácia, uma vez que os pais aprendem a forma certa de intervir e, assim, potencializam a aquisição das habilidades.	O psicólogo consegue organizar um contexto de ensino razoavelmente estruturado e apropriado para a aprendizagem. O terapeuta serve como modelo para os pais sobre a forma adequada de estimulação da criança. O psicólogo pode apontar para os pais os seus acertos, bem como ir ajudando-os, gradualmente, a fazer a intervenção da forma correta. Esta modalidade de intervenção facilita a generalização de habilidades pela criança, uma vez que o treino é realizado com várias pessoas (mãe, pai, psicólogo).	O psicólogo não tem a oportunidade de explicar detalhadamente os procedimentos para a família, uma vez que eles estarão interagindo com a criança todo o tempo
Atendimento da criança em ambiente natural (casa/escola)	A estimulação das habilidades é realizada nos ambientes em que a criança passa a maior parte do tempo. Geralmente é conduzida por um acompanhante terapêutico.	Como a intervenção é realizada em ambiente natural, a probabilidade de que a criança consiga realizar tal comportamento em seu dia a dia é maior, uma vez que não se exige a habilidade de generalização.	O contexto de ensino é menos estruturado, sendo algumas vezes pouco apropriado para o início do ensino de habilidades.

Independente da modalidade de intervenção escolhida, o tratamento deve ser embasado nas abordagens, que apresentam evidências de eficácia na literatura atual. Dentre as abordagens comportamentais mais estudadas estão o *Early Intensive Behavioral Intervention* (EIBI) e o *Early Start Denver Model* (ESDM).

Early Intensive Behavioral Intervention é o nome genérico dado aos programas de tratamento fundamentados na modalidade de intervenção intensiva desenvolvida por Ivaar Lovaas, baseado nos princípios da Análise do Comportamento. Por outro lado, o *Early Start Denver Model* é um programa idealizado para intervenção precoce, que, embora embasado na Análise do Comportamento Aplicada, se ancora fortemente sobre os princípios do desenvolvimento. Ambas as modalidades de intervenção apresentam evidências de efetividade na literatura (LAI, LOMBARDO & BARON-COHEN, 2014). Um ponto em comum entre estas abordagens é o estabelecimento de objetivos do tratamento visando o aumento do repertório comportamental da criança e a diminuição dos comportamentos disruptivos.

Planejamento das Sessões de Intervenção

Independente da modalidade escolhida, todas as sessões de intervenção devem ser planejadas com antecedência pelo profissional. Tal planejamento deve se basear no plano geral de tratamento, nunca perdendo de vista as metas gerais e as metas específicas a serem enfocadas.

A seguir encontra-se um quadro adaptado do *Early Start Denver Model*, que permite uma organização sintética da estrutura das sessões realizadas com a criança. A sessão apresentada ilustra a programação de um atendimento realizado com uma criança não verbal de três anos de idade:

Momento	Local	Atividade	Objetivos
Cumprimento de Chegada	Cadeira do cumprimento	Rotina de cumprimento com música (e gestos) e retirada dos sapatos	- Tirar o sapato de forma independente - Imitação verbal "Oi" - Imitação motora de "jóia"
Momento com Objeto 1	Mesa	Pula pirata	- Troca de turno - Aumento do tempo de atenção (tempo de mesa)
Momento Sensorial Social 1	Mesa	Construção de objeto com massinha	- Uso do gesto "Eu quero" - Sequenciação em três etapas (Ex: amassa, corta, enrola) - Imitação motora
Atividade Motora 1	Chão	Seu mestre mandou	- Contato ocular - Troca de turno - Atendimento a comandos
Momento com Objeto 2	Mesa	Carrinho	- Atenção compartilhada (apontar carrinho colocado fora do alcance e olhar para o psicólogo) - Brincar funcional

Momento	Local	Atividade	Objetivos
Momento Sensorial Social 2	Chão	Pegar bichinhos na vasilha com bolinhas de jardim	- Contato ocular - Solicitação verbal "bo" (para abrir a vasilha com as "bolas") - Atendimento aos comandos "Pega" e "Dá"
Atividade Motora 2	Chão	Levantar a criança para o alto	- Contato ocular - Uso do gesto "Eu quero" - Interação diádica
Livros	Puf	Fazer sons do livro	- Seguir atenção compartilhada - Atendimento ao comando "Olha"
Momento com Objeto 3	Mesa	Escolher brincadeira da sessão	- Solicitação não verbal (apontar a atividade preferida da sessão) - Iniciativa social (demonstrar interesse de que o psicólogo brinque junto)
Cumprimento de Despedida	Cadeira do cumprimento	Música de encerramento e rotina dos sapatos	- Calçar o sapato com ajuda parcial - Imitação motora de "tchau"

Fatores Importantes para a condução do Tratamento:

- Considerar as condições ambientais, físicas e sociais que podem influenciar no sucesso do tratamento: fazer uma leitura do ambiente no qual a criança se encontra inserida para poder entender quais fatores podem estar mantendo os comportamentos inadequados e/ou dificultando a ocorrência de comportamentos adequados para o desenvolvimento da criança.
- Avaliar se o nível de exigência dos adultos envolvidos está compatível com a capacidade cognitiva e física da criança: estudar a criança e os comportamentos próprios da sua idade.
- Atuar enquanto facilitador para a criança ter sucesso nas intervenções, iniciando pelas aquisições mais fáceis e passando gradualmente para as mais complexas: ensinar o passo a passo de cada atividade, ajudando a criança para que consiga realizar com sucesso.
- Intervir visando a aquisição de comportamentos funcionais por meio de procedimentos de ensino e ajuda.
- Realizar alterações na organização do ambiente: fazendo uso de pistas visuais e instrumentos de apoio organizados, sistematicamente, para facilitar a compreensão e promover a autonomia da criança.
- Prosseguir com as intervenções visando a manutenção e generalização dos comportamentos: como o comportamento é modificado por suas consequências, deve-se viabilizar que o comportamento continue recebendo consequências reforçadoras no contexto natural.
- Garantir o reforço imediato e eficaz, por meio do uso de reforçadores positivos, de acordo com o interesse da criança: para tal, é indispensável conhecer o que é reforçador para aquela criança.

Conclusão

Para que a psicoterapia da criança seja eficaz é necessário o estabelecimento de metas, seja para diminuir a frequência de determinados comportamentos, seja para aumentar a frequência e qualidade de outros. Desta forma, realiza-se uma avaliação inicial para levantar os sintomas presentes e, em seguida, estabelecer as metas amplas relacionadas à cada área de desenvolvimento, as metas especificas (estratégias de intervenção) e a modalidade do tratamento escolhida (atendimento à criança sem a presença dos pais, atendimento da criança com observação dos pais e atendimento da criança com participação ativa dos pais). As estratégias devem ser utilizadas de forma consistente para que se alcance o resultado almejado. Avaliações periódicas (de 4 em 4 meses) são necessárias para se verificar, de forma qualitativa e quantitativa, o progresso do tratamento. Frente à melhora do paciente, as sessões são espaçadas novamente (a cada 6 meses) até que se conclua que as habilidades trabalhadas foram realmente adquiridas.

O desenvolvimento da criança repercutirá no ambiente social, escolar e em outros tratamentos, uma vez que ela conseguirá interpretar o contexto no qual se encontra inserida e se comportar adequadamente, dando respostas coerentes com as situações vivenciadas.

Referências

Abreu, C. N., & Guilhard, H. J. (2004). *Terapia cognitivo-comportamental - Práticas clinicas*. São Paulo: Editora Roca LTDA.

Caballo, V. E. (2003). *Manual de avaliação e treinamento de habilidades sociais*. São Paulo: Santos Editora.

Caminha, M. G., Caminha, R. M., & Colaboradores. (2001) *Intervenções e Treinamento de Pais na Clinica Infantil*. 1. ed. Porto Alegre: Sinopsys Editora.

Petersen, C. S., & Wainer, R. (2011). *Terapias cognitivo-comportamentais para crianças e adolescentes.* Porto alegre: Artmed.

Range, B. (2001). *Psicoterapias cognitivo-comportamentais: um diálogo com a psiquiatria.* Porto Alegre: Artmed.

Skinner, B. F. (1975). *Contingências de reforço: uma análise teórica.* São Paulo; Abril Cultural (Coleção Os Pensadores).

Staples, K. E., & Diliberto, J. A. (2010). Working with parents of students with disabilities. *Teaching Exceptional Children, 42,* 6,58-63.

Lai, M. C., Lombardo, M. V., & Baron-Cohen, S. (2014). Autism. *The Lancet, 383,* 896-910.

Maurice, C., Green, G., & Luce, S. C., (1996). *Behavioral Intervention for Young Children with Autism: A manual for parentes and professionals.* Austin: Pro-ed.

Rogers, S. J. & Dawson, G. (2010). Early start denver model for young children with autism. The Guilford Press, New York.

Williams, C., & Wright, B. (2008). *Convivendo com Autismo e Síndrome de Asperger: Estratégias Práticas para pais e profissionais.* São Paulo: M. Books do Brasil Editora Ltda.

Wright, J. H., Basco, M. R., & Thase, M. E. (2008). *Aprendendo a terapia cognitivo-comportamental. Um guia ilustrado.* Porto Alegre: Artmed.

Abordagem de Integração Sensorial em crianças de 0 a 4 anos com autismo

Ana Paula Ferreira Costa
Terapeuta Ocupacional

Dificuldades no processamento, integração e resposta aos estímulos sensoriais têm sido descritas como características do transtorno do espectro autista (TEA) desde a identificação inicial desse transtorno. As estimativas atuais mostram que 45% a 96% das crianças com TEA apresentam dificuldades de processamento sensorial (SCHAAF e cols., 2012, 2014). O reconhecimento da presença generalizada de reatividade sensorial atípica em pessoas com TEA levou à sua inclusão recente como característica de diagnóstico de TEA no *Manual Diagnóstico e Estatístico de Doenças Mentais* (5ª ed., Associação Americana de Psiquiatria, 2013) sob o critério de "padrões de comportamento, interesses e atividades restritas e repetitivas".

Muitas famílias de pessoas com TEA relatam que os comportamentos associados às dificuldades de processamento e integração de informações sensoriais geram isolamento social tanto para as famílias quanto para seus filhos, restringem a participação das crianças nas atividades de vida diária e têm impacto sobre o engajamento social. Consequentemente, as intervenções que abordam problemas associados às dificuldades de processamento sensorial, tais como a terapia de integração sensorial, estão entre os serviços mais frequentemente requisitados pelos pais de crianças com TEA (SCHAAF e cols., 2012, 2014).

A Teoria de Integração Sensorial

A teoria de Integração Sensorial (IS) foi originalmente desenvolvida pela Terapeuta Ocupacional A. Jean Ayres Sensorial (AYRES, 1972, 1979, 1989), a partir de estudos nas áreas de neurociências, biologia, psicologia e educação. Ayres define a Integração Sensorial como um processo neurobiológico inato e se refere à integração e interpretação pelo cérebro dos estímulos sensoriais provenientes do ambiente. A teoria postula que o processamento adequado da informação sensorial (que inclui receber, modular e integrar os estímulos sensoriais) é importante para a emissão de respostas adaptativas que promovem a independência e a participação em atividades de vida diária, no brincar e nas atividades escolares. A teoria de Integração Sensorial parte do pressuposto que problemas de comportamento e aprendizagem se devem, em parte, a falhas na integração da informação sensorial e na inabilidade dos centros cerebrais superiores em modular e regular os centros sensório-motores inferiores (AYRES, 1972). A teoria é baseada nos seguintes princípios 1) o desenvolvimento sensorial e motor é um importante substrato para a aprendizagem; 2) a interação entre o indivíduo e o ambiente molda o desenvolvimento cerebral; 3) o sistema nervoso é capaz de mudar (plasticidade) e 4) a atividade sensorial e motora significativa é um importante mediador da plasticidade neural.

A terapia de Integração Sensorial (IS) aborda os substratos da disfunção no lugar de próprias dificuldades funcionais. Ayres (1972) afirma que: "A abordagem de integração sensorial, ao tratar de dificuldades de aprendizagem, difere das outras abordagens no sentido de que não ensina habilidades específicas..., mas, promove a capacidade do cérebro de perceber, lembrar e planejar em nível motor (base da aprendizagem)".

Os princípios de tratamento incluem conceitos como "Experiências sensório-motoras ativas", o "Desafio na medida certa", a "Resposta adaptativa", a "Participação ativa" e o "Direcionamento pela criança". Para apresentar o desafio na medida certa o terapeuta cria atividades lúdicas com desafios transponíveis; as atividades incorporam o desafio, mas a criança é sempre bem-sucedida. A resposta adaptativa ocorre quando, em resposta ao desafio na medida certa, a criança adapta seu comportamento a estratégias novas e úteis aprofundando o aprendizado. A participação ativa da criança acontece por meio da habilidade do terapeuta de criar desafios divertidos, em um ambiente sensorialmente rico, motivando a criança a participar ativamente da brincadeira; as formas de brincar incorporam habilidades novas e mais desenvolvidas, que aumentam o repertório de habilidades e de processamento da criança. O direcionamento pela criança ocorre uma vez que o terapeuta, ao observar constantemente o seu comportamento, lê as dicas comportamentais que ela dá e guia a criança a tomar decisões ou a dar sugestões.

Além da intervenção direta com a criança, o terapeuta interage e colabora com pais, professores e com outras pessoas envolvidas, 1) auxiliando-os a compreender o comportamento infantil sob a perspectiva sensorial, 2) adaptando o ambiente às necessidades dela, 3) criando, em seu ambiente natural, experiências sensoriais e motoras necessárias ao longo do dia e 4) certificando de que a terapia está ajudando-a a se tornar mais funcional em suas atividades de vida diária.

Apesar da teoria ter sido originalmente desenvolvida para tratar crianças com distúrbios de aprendizagem, Ayres (1980) reconheceu a utilidade de sua teoria em outras populações clínicas. Ao aplicar a teoria em crianças com autismo, Ayres (1980) notou que essa abordagem ajudou a diminuir a sensibilidade tátil e outras sensibilidades sensoriais, que interferiam na habilidade de brincar, aprender e interagir. Desde então, os princípios de integração sensorial têm sido aplicados também a várias populações, incluindo crianças do espectro do autismo.

Os sistemas sensoriais

A teoria de Integração Sensorial (IS) enfatiza a importância de cinco sistemas sensoriais — vestibular, proprioceptivo, tátil, visual, auditivo. Os sistemas vestibular, proprioceptivo e tátil têm o início na vida intrauterina e continuam a se desenvolver na medida que a pessoa amadurece e interage com o ambiente. Apesar desses três sistemas serem menos familiares que a visão e audição, eles têm importância decisiva na experimentação, interpretação e resposta aos diferentes estímulos externos.

O sistema tátil tem os receptores localizados na pele que enviam informação ao cérebro sobre tato, dor, temperatura e pressão. Além de ser importante na percepção do ambiente, o sistema tátil desempenha uma função protetiva necessária à sobrevivência. No sistema vestibular os receptores estão localizados no ouvido interno e detectam o movimento e mudanças na posição da cabeça; por exemplo, é o sistema vestibular que informa se a cabeça está ereta ou inclinada (mesmo com os olhos fechados). No sistema proprioceptivo os receptores estão localizados em estruturas dos músculos, articulações e tendões. Esse sistema é responsável pela consciência da posição corporal. Quando a propriocepção é eficiente, a posição corporal é automaticamente ajustada a diferentes situações; por exemplo, o sistema proprioceptivo é responsável por prover o corpo das informações necessárias para se sentar adequadamente em uma cadeira ou para graduar a força muscular ao segurar um objeto leve ou pesado. Permite também manipular objetos, usando movimentos finos como escrever com um lápis, usar uma colher para beber uma sopa ou abotoar uma camisa.

A Terapia de Integração Sensorial

A intervenção baseada na teoria de IS clássica provê oportunidades para o engajamento em atividades sensoriais e motoras ricas em estímulo tátil, vestibular e proprioceptivo. O ambiente terapêutico é projetado para despertar a motivação interna da criança para brincar. O terapeuta usa uma habilidade acurada de observação para interpretar o comportamento e os interesses da criança, a fim de criar um ambiente divertido no qual a criança persegue ativamente metas alcançáveis. Por exemplo, o terapeuta ocupacional que usa a abordagem de integração sensorial com uma criança com dispraxia do desenvolvimento (inabilidade congênita do cérebro em organizar e dar continuidade a uma sequência de ações não familiares) ou pobre consciência corporal poderá incentivar a subida em uma plataforma baixa, para facilitar o acesso a uma piscina de bolinhas, e então completar um circuito não familiar que consistirá em subir por uma escada de cordas fixada na parede, depois pular sobre uma almofada grande com tecido de várias texturas e, finalmente, incentivar a criança a se puxar por uma corda fixada na parede oposta. Assim, a criança é guiada através de atividades divertidas e desafiantes para estimular e integrar os sistemas sensoriais, desafiar os sistemas motores e facilitar a integração das habilidades sensorial, motora, cognitiva e perceptiva.

A observação acurada da habilidade de processar e utilizar a informação sensorial durante essas atividades divertidas é uma habilidade chave dos terapeutas treinados na abordagem de integração sensorial e uma característica que distingue essa abordagem das outras. Na terapia de integração sensorial, o terapeuta observa a resposta da criança durante as atividades e aumenta ou diminui a demanda sensorial e motora para criar um ambiente desafiante e terapêutico. As metas de intervenção são delineadas e os progressos são continuamente verificados. O terapeuta treinado procura observar a ocorrência de mudanças na habilidade da criança de participar de atividades de base sensorial, no controle do nível de alerta, no desenvolvimentodas habilidades sensoriais e motoras, e na promoção da habilidade de participar das atividades de vida diária com independência (SCHAAF & MILLER, 2005).

Categorias de Transtorno de Processamento Sensorial

Os transtornos de processamento sensorial são classificados em três padrões distintos que podem estar presentes em crianças com uma variedade de transtornos do desenvolvimento e são frequentemente descritos em crianças com TEA (MILLER e cols., 2008).

São eles:

- **Transtorno de modulação sensorial** quando a criança tem dificuldade em responder ao estímulo sensorial com um comportamento adequado ao grau, à natureza, ou à intensidade do estímulo. As respostas emocionais e atencionais ao estímulo sensorial não produzem respostas adaptativas adequadas. As respostas podem ser classificadas em hiperresponsividade, hiporresponsividade e busca sensorial (JAMES, K. e cols., 2011).

» *Hiperresponsividade sensorial*: resposta exagerada ao estímulo sensorial; a resposta às sensações é mais intensa, rápida no início ou mais prolongada que as respostas típicas; o indivíduo exibe os comportamentos de "luta", "fuga" ou " paralisação" diante das sensações, como por exemplo, reações impulsivas, agressivas ou de retirada.

» *Hiporresponsividade sensorial*: a criança ignora ou apresenta resposta passiva ao estímulo sensorial; a resposta é menos intensa ou mais lenta no início do que as repostas típicas; a criança tem dificuldade de se engajar, é letárgica e introspectiva, e parece não perceber a sensação, sem motivação pessoal para explorar os materiais e os ambientes.

» *Busca/ânsia sensorial*: desejo intenso e insaciável por estímulo sensorial; os estímulos são menos intensos do que o necessário para a saciedade da criança; as crianças se engajam nas atividades com energia para alcançar sensações mais intensas; constantemente movendo, tocando, olhando objetos se movendo e/ou procurando sons altos ou experiências olfativas e gustativas incomuns.

- **Transtorno de discriminação sensorial** quando a criança tem dificuldade de interpretar as qualidades do estímulo sensorial e as similaridades e diferenças entre os estímulos. A ênfase se encontra na discriminação dos sistemas tátil, vestibular e proprioceptivo, mas envolve também os sistemas visual e auditivo. Está relacionada ao desenvolvimento do esquema corporal.
- **Transtorno sensorial de base motora** quando a criança apresenta baixa estabilidade postural, pobre

equilíbrio e tônus muscular baixo. A criança com dispraxia tem comprometimento do planejamento motor (habilidade de conceber, planejar, sequenciar e executar ações motoras novas).

Manifestações clínicas dos transtornos sensoriais

A apresentação clínica da desordem de modulação sensorial é heterogênea quanto à sua sintomatologia, pois um ou mais dos seguintes sistemas sensoriais podem estar envolvidos: tátil, vestibular, proprioceptivo, visual, auditivo, olfativo e/ou gustativo. Como exemplo, a seguir, algumas alterações comumente observadas no processamento tátil e vestibular.

A hiperresponsividade ao estímulo tátil (ou defensividade tátil) pode ser identificada pela reação de rejeição ao toque leve, recusa em comer alimentos de certas "texturas", em usar roupas de determinado tipo de tecido, resistência em escovar os dentes ou em lavar o cabelo, rejeição em sujar as mãos (p. ex.: com cola, areia, argila ou tinta) e preferência por usar a ponta dos dedos no lugar da mão toda, ao contato com determinadas texturas. Esse tipo de reação pode tornar difícil para o indivíduo organizar o próprio comportamento e se concentrar, e pode levar a respostas emocionais negativas em relação às sensações táteis como irritabilidade generalizada, distraibilidade e hiperatividade.

A hiperresponsividade vestibular pode levar a reações de medo aos movimentos comuns (p. ex.: gangorrar, escorregar, escalar, descer uma escada). Pode também gerar problema em aprender a subir ou descer escadas ou rampas e apreensão em andar ou engatinhar sobre superfícies instáveis ou irregulares. A criança pode parecer desajeitada e insegura no espaço. Já, a hiporresponsividade vestibular pode tornar a criança ávida por experiências sensoriais intensas como rodopiar, saltar e/ou girar na busca por estimular continuamente o seu sistema vestibular.

O transtorno de modulação sensorial tem sido amplamente relatado na literatura sobre autismo e relacionado a funções regulatórias como alerta, atenção, afeto, nível de atividade e pode resultar em diferenças extremas no comportamento, que interferem na participação social e na vida familiar (Ben-Sasson e cols., 2009, Reynolds, Millette, & Devine, 2012; Reynolds, Thacker, & Lane, 2012).

Entretanto, um crescente corpo de evidências tem mostrado que a dispraxia é uma outra característica muito comum entre as pessoas com TEA, apesar de não ser reconhecida como um recurso diagnóstico, e tende a ser considerada um traço fundamental do autismo (Roley, S.S., e cols., 2015). Dziuk e cols. (2007) e Mostofsky e cols. (2006) encontraram, entre as crianças com TEA, déficits na habilidade de produzir ou imitar gestos com e sem demonstração ou usando utensílios reais ou imaginários. As habilidades de praxia requerem que a criança interprete a informação sensorial e depois formule modelos internos de ação. Cermack (2011) sugere que a dispraxia interfere na iniciação, no planejamento, na sequência e na construção de repertórios de planos de ação essenciais à realização das várias tarefas da rotina diária e na construção dos fundamentos da imitação e das habilidades sociais (Mostofsky & Ewen, 2011). Na criança com TEA nos primeiros anos de vida, a dispraxia pode gerar dificuldade em imitar ações motoras, em usar gestos para se comunicar e pode favorecer a presença de comportamentos estereotipados. Entre 3 e 5 anos de idade, a dificuldade nessa área pode tornar o brincar social bastante limitado, com ausência de atenção compartilhada, de criatividade e de cenários de faz de conta (Case-Smith, 2008).

A avaliação

A avaliação de integração sensorial consiste na utilização tanto de testes padronizados como de uma observação estruturada da resposta da criança à estimulação sensorial, seu padrão postural, equilíbrio e coordenação motora. O terapeuta ocupacional que conduz o teste, também pode observar o brincar espontâneo de maneira informal e fazer algumas perguntas a respeito do desenvolvimento da criança verificando a presença de padrões atípicos de comportamento.

Alguns exemplos de avaliação mais usadas nessa área são descritos a seguir:

Sensory Integration and Praxis Test - (SIPT) Teste de Integração Sensorial e Praxis (Ayres, 1989) - Edição revisada

O SIPT contribui para a compreensão clínica da criança com irregularidades no aprendizado e no comportamento. Os 17 testes de que ele é composto foram desenvolvidos para avaliar diferentes áreas de habilidade prática, vários aspectos do status do processamento sensorial dos sistemas vestibular, proprioceptivo, cinestésico, tátil e visual, e a manifestação mais preponderante dos déficits na integração dos estímulos sensoriais a partir desses sistemas. Os sentidos olfativo, gustativo e auditivo não são testados, e nem a linguística, apesar de um dos testes avaliar a habilidade de traduzir instruções verbais em ações práticas. Baseado no pressuposto de que tanto o aprendizado quanto o comportamento são funções do cérebro, o SIPT usa o modelo neurobiológico para auxiliar a definir a base das desordens do aprendizado e do comportamento. O SIPT avalia crianças com a idade compreendida entre 4 anos a 8 anos e 11 e compreende a avaliação da percepção visual e tátil, habilidades viso-motoras, habilidade de construção bi e tridimensional, funções vestibular-proprioceptivas, habilidades de coordenação motora bilateral e a praxia.

Perfil Sensorial 2 (Dunn, 2014)

O Perfil Sensorial 2, destinado a crianças recém-nascidas até a idade de 14 anos e 11 meses, é um questionário para cuidadores e/ou professores que medem a resposta sensorial da criança aos eventos da vida diária e provê dados sobre como os padrões de desenvolvimento sensorial podem contribuir ou dificultar o desempenho nas tarefas do dia a dia. O Perfil Sensorial envolve escores numéricos para cada área (p. ex.: processamento tátil), que são classificadas como processamento sensorial típico, provável diferença no processamento sensorial, ou diferença definida, com base em dados normativos.

SPM - Sensory Processing Measurement (Medida de Processamento Sensorial) (Parham & Eker, 2007)

O SPM é um questionário que provê informações sobre a reatividade sensorial, praxia e participação social em crianças de 5 a 12 anos. Mede funções nas áreas de Participação Social, Visão, Audição, Tato, Consciência Corporal, Equilíbrio e Movimento, Planejamento e Ideação, e Pontuação Total. O SPM contém 3 formulários: 1) Formulário para casa: preenchido pelos pais, 2) Formulário de sala de aula: preenchido pelo professor titular, e 3) Formulário para os ambientes da escola: preenchido por outro funcionário da escola, que trabalha com a criança ou que a observa de perto.

A pontuação da escala Sensorial Total é composta pela medida do processamento visual, auditivo, tátil, consciência corporal (propriocepção), e equilíbrio e movimento (processamento vestibular), que inicialmente medem a reatividade sensorial a cada sistema específico. A pontuação Sensorial Total também inclui itens que medem a reatividade ao tato e olfato. A Ideação e o Planejamento é uma medida de praxia. A Participação Social é uma medida de participação da criança. Uma pontuação alta indica maior dificuldade.

SPM - P / Sensory Processing Measure- Preschool (Medida de Processamento Sensorial - pré-escolar) (Eker & Parham, 2010)

O SPM – P inclui um formulário para casa, preenchido pelos pais ou por quem cuida da criança, e um formulário para a escola, preenchido pelo professor ou cuidador. Cada formulário é composto por 75 itens, classificados de acordo com a frequência de comportamentos facilmente observados. Em conjunto, os dois formulários fornecem uma visão geral do processamento sensorial, e permite ao examinador uma comparação rápida do funcionamento da criança em cada ambiente. Apropriado para criança com a idade entre 2 e 5 anos, o SPM – P mede as mesmas funções do SPM e segue os mesmos critérios de pontuação.

Sinais de alerta de Transtorno do Processamento Sensorial nos primeiros anos de vida (Tomchek & cols, 2015)

Bebês e crianças

1. Problemas alimentares ou de sono.
2. Recusa em ir com qualquer pessoa.

3. Irritação quando veste roupa; desconforto com roupas.
4. Raramente brinca com brinquedos.
5. Resistência em ser aconchegado, arqueia quando carregado.
6. Dificuldade em se acalmar.
7. Corpo flácido ou rígido, atraso no desenvolvimento motor.
8. Pouco contato visual.
9. Apatia e pouca interação social.
10. Ausência de comportamento exploratório.
11. Comportamentos ritualísticos.
12. Incômodo quando é tocado.
13. Comportamentos de autoestimulação/autoagressão.
14. Insistência com rotinas incomuns relacionadas ao brincar ou às AVD's (atividades de vida diária).

2 - 6 anos
Hiperresponsividade tátil

1. Ansiedade durante o treinamento para uso do toalete.
2. Preferência por roupa de manga comprida, mesmo quando está quente ou manga curta, quando está frio.
3. Resistência em andar descalço, especialmente na grama ou na areia.
4. Reação emocional ou agressiva ao toque.
5. Afastamento de respingos de água.
6. Dificuldade em ficar de pé na fila ou perto de outras pessoas.
7. Esfrega ou coça o lugar que foi tocado.

8. Melhor aceitação do toque quando é iniciado por ele do que por outra pessoa.
9. Reação aversiva ou de rejeição ao contato com texturas como tinta, massinha, espuma de sabão.
10. Reação negativa ao contato de texturas no rosto como creme ou alimento.

Hiporresponsividade tátil

11. Toca muito pessoas e objetos.
12. Parece não notar quando o rosto ou as mãos estão sujos.
13. Usa roupas torcidas ou mal colocadas no corpo.

Hiperresponsividade gustativa/olfativa

14. Rejeição por certos sabores ou certos cheiros de comida, que são comuns à alimentação infantil.
15. Preferência por certos sabores de comida.
16. Restrição a comidas de texturas específicas.
17. Exigência para comer, especialmente alimentos de certas texturas.

Hiperresponsividade ao movimento

18. Ansiedade ou angústia quando os pés deixam o chão.
19. Medo de queda ou altura.
20. Rejeição por atividades em que fica de cabeça para baixo.
21. Busca frequentemente se manter encostado em pessoas ou móveis.
22. Resistência por brinquedos de parquinho em que mantenha os pés fora da superfície de apoio como balanços.

23. Presença de reações de náusea ou vertigem após brincadeiras com movimento.
24. Chora quando é deitado de barriga para cima.

Hiporresponsividade ao movimento/busca de sensação

25. Interesse por barulhos estranhos/gosta de fazer barulho pelo simples prazer de fazer.
26. Procura por muitos tipos de movimento a ponto de interferir em sua rotina diária.
27. Agita muito durante atividades com movimento.
28. Muda tanto de uma atividade para a outra que chega a interferir na brincadeira.

Hiperresponsividade auditiva

29. Responde negativamente a sons inesperadamente altos.
30. Coloca as mãos sobre as orelhas para protegê-las do som.

Filtragem auditiva

31. Distrai ou tem problemas em organizar o comportamento se houver muito barulho em torno.
32. Parece não ouvir o que você diz.
33. Não consegue trabalhar com barulho de fundo.
34. Dificuldade em completar a tarefa com o rádio ligado.
35. Não responde quando é chamado pelo nome, apesar da audição da criança estar normal.

36. Tem dificuldade em prestar atenção.

Pouca energia/fraco

37. Parece ter músculos fracos.
38. Cansa facilmente, especialmente quando está de pé.
39. Tem preensão manual fraca.
40. Não consegue levantar objetos pesados.
41. Apoia para se manter de pé.
42. Pouca resistência/cansa, facilmente.

Sensibilidade visual

43. Incomoda-se com luzes brilhantes depois que os outros se adaptam a elas.
44. Olha qualquer pessoa que se move pelo ambiente.
45. Cobre os olhos ou pisca para proteger os olhos da luz.
46. Evita o contato visual com outra pessoa.
47. Explora visualmente objetos ou as mãos movimentando-os no campo visual periférico.

Referências

Ayres A. J. (1972). *Sensory Integration and Learning Disorders*. Los Angeles: Western Psychological Services.

Ayres A. J. (1979). *Sensory Integration and the Child*. Los Angeles: Western Psychological Services.

Ayres, A. J. & Tickle, L. (1980). Hyperresponsivity to touch and vestibular stimuli as a predictor of positive response to sensory integration procedure in autistic children. *American Journal of Occupational Therapy*. 34: 375-381.

Ayres, A. J. (1989). *Sensory Integration and Praxis Test*. Los Angeles: Western Psychological Services.

Baranek1, G. T.; Hunt, J. & Benevides, T. (1999). Autism During Infancy: A Retrospective Video Analysis of Sensory-Motor and Social Behaviors at 9-12 Months of Age. *Journal of Autism and Developmental Disorders*, 29: 3.

Ben-Sasson, A., Carter, A. S., & Briggs-Gowan, M. J. (2009). Sensory over-responsivity in elementary school: Prevalence and social–emotional correlates. *Journal of Abnormal Child Psychology*, 37, 705–716.

Case-Smith, J. & Arbesman, M. (2008). Evidence-based review of interventions for autism used in or of relevance to occupational therapy. *American Journal of occupational Therapy*, 62, 416-429.

Case-Smith, J.; Weaver, L. L. & Fristad, M. A. (2015). *A systematic review of sensory processing interventions for children with autism spectrum disorders*. 19, 133-148.

Case-Smith, J. e cols. (2013). *Occupational therapy for children*. 6. ed., 2: 22-55. ed. Mosby Elsevier.

Dunn, W. (2014) *Sensory Profile 2. User's manual*. San Antonio, TX: Psychological Corporation.

Eker, C. e cols. (2010). *Sensory Processing Measure – Preschool*. Los Angeles: Western Psychological Services.

James, K. e cols. (2011). Phenotypes within sensory modulation dysfunction. *Comprehensive Psychiatry*. 52: 715–724.

Marco, E. J. e cols. (2011). Sensory Processing in Autism: A Review of neurophysiologic Findings. *Pediatric Reserach*. 69: 48-54.

Miller, L. J. e cols. (2008). Typology and terminology of sensory integration. *American Journal of Occupational Therapy*, 61(2), 135-140.

O'Donnell, S. & cols. (2012). Sensory Processing, Problem Behavior, Adaptive Behavior, and Cognition in Preschool

Children with Autism Spectrum Disorders. *The American Journal of Occupational Therapy*. 66: 5.

Parham, L.D. e cols. (2007). *Sensory Processing Measure*. Los Angeles: Western Psychological Services.

Reynolds, S., Millette, A., & Devine, D. P. (2012). Sensory and motor characterization in the postnatal valproate rat model of autism. *Developmental Neuroscience*, 34, 258–267.

Reynolds, S., Thacker, I., & Lane, S. J. (2012). Sensory processing, physiological stress, and sleep behaviors in children with and without autism spectrum disorders. *OTJR: Occupation, Participation and Health*, 32, 246–257.

Roley, S. S., e cols. (2015). Sensory Integration and Praxis Patterns in Children With Autism. *American Journal of Occupational Therapy*, 69 (1).

Schaaf, R. C. e cols. (2014). An Intervention for Sensory Difficulties in Children with Autism: A Randomized Trial. *J Autism Dev Disord*. 44:1493–1506.

Schaaf, R. C. & cols. (2012). Occupational therapy and sensory integration for children with autism: a feasibility, safety, acceptability and fidelity study. *Autism*. 16(3) 321–327.

Schaaf, R.C., & Mileer, L. J. (2005). Occupational Therapy using a Sensory Integrative Approach for Children with Developmental Disabilities. *Mental Retardation and Developmental Disabilities, Research Reviews*. 11:143-148.

Tomchek, S. D. & Dunn, W. (2007). Sensory Processing in Children With and Without Autism: A Comparative Study Using the Short Sensory Profile. *American Journal of Occupational Therapy*. 61, 190-200.

Tomchek, S. D., Litle, L. M. & Dunn, W. (2015). Sensory Pattern Contributions to Developmental Performance in Children with Autism Spectrum Disorder. *American Journal of Occupational Therapy*. 69 (5).

Aspectos fonoaudiológicos

Cláudia Gonçalves Carvalho Barros*
Natália Barbosa Chagas Brescia de Moura*
Letícia Viana Pereira*
Patrícia Reis Ferreira*

* Fonoaudiólogas

Para a intervenção com crianças com Transtorno do Espectro Autista (TEA), uma minuciosa avaliação fonoaudiológica (com anamnese, avaliação clínica e aplicação de testes) auxiliará no diagnóstico fonoaudiológico e norteará a intervenção. Os responsáveis devem ser ouvidos e questionados, com o objetivo de obter dados relevantes que possam auxiliar o processo de intervenção. Todo resgate sobre o desenvolvimento social da comunicação da criança, verbal e não verbal se faz necessário para todo exercício diagnóstico e planejamento terapêutico (PERISSINOTO, 2003).

Anamnese

Segue abaixo uma sugestão de um modelo de anamnese que pode orientar a primeira entrevista com os responsáveis.

- Olha (va) para a mãe durante a amamentação?
- Atualmente olha para o outro buscando interação?
- Demonstra interesse quando ouve o *manhês*?
- Sorri ao contato com o adulto?

- Requisita interação do adulto?
- "Provoca" o outro para interagir com ele com gritos, mexendo o corpo em direção ao adulto? (CRESPIN, 2004).
- Demonstra maior interesse por pessoas do que objetos?
- Sorri em resposta a estímulos humanos externos?
- Interage com as pessoas?
- Utiliza o adulto como instrumento, para conseguir o que deseja usando o olhar como auxílio comunicativo? (é comum os bebês com desenvolvimento típico fazerem isso, olhando para o adulto e não apenas colocando sua mão onde querem)
- Olha, quando chamado pelo nome? Bebês na idade de 4 a 6 meses já demonstram essa habilidade (FERREIRA, 2013).
- É compreendido pelos pais? E pelas outras pessoas? (Quando houver dificuldade em ser compreendido, investigar se há dificuldade de pronúncia dos sons, formulação de frases, ou organização do pensamento). No caso dos bebês, reage à intervenção do outro? Chora, sorri ou troca olhares com intuito de se manifestar?
- Solicita a participação do adulto nas brincadeiras?
- Aponta o que quer e aponta para mostrar objetos com o objetivo de partilhar seu interesse com o outro?
- Compartilha a atenção olhando para onde o outro aponta?
- Segue o olhar do outro?
- Aponta para um objeto e olha para o adulto para certificar que ele compreendeu o que deseja?
- Gosta de brincar com o que? (Investigar se tem preferência por brinquedo sensório-motor, ou por aqueles

que facilitem a brincadeira simbólica. Por volta de um ano e meio de vida, é esperado que se interessem por brincadeiras, que envolvam condutas pré-simbólicas e posteriormente as condutas simbólicas) (ZORZI & HAGE, 2004).

- Usa o brinquedo com função adequada? Ou alinha, empilha objetos sem aparente função na brincadeira e de forma repetitiva ou ainda brinca de forma inadequada com os brinquedos (roda a rodinha do carrinho, ou a trempe do fogãozinho repetidamente).
- Tem intenção de comunicar algo quando fala?
- Apresenta falas idiossincráticas após a idade esperada? (Sequências fonéticas consistentes com significado específico. Ex: "Manamanhã" para "mamadeira"). Cabe ressaltar que crianças entre dez e onze meses utilizam a fala idiossincráticas, para se comunicar. (ZORZI & HAGE, 2004).
- Apresenta jargão? (Encadeamento de vogais e consoantes variadas com entonação da língua materna)
- Usa pronome na 3ª pessoa para referir a si próprio no lugar do pronome "eu"?
- Usa entonação adequada quando afirma, pergunta, exclama etc?
- Balbucia? Fala palavras? Fala frases de duas ou mais palavras?
- Falava palavras ou frases, cantava e parou? Falava com intenção de comunicação ou só verbalizava?
- Apresenta ecolalia? (Repetir palavras que ouve de forma imediata ou depois de um tempo).
- A fala, se presente, é formal?
- Apresenta dificuldades na escola? Quais?

- Demonstra restrição alimentar? (dificuldade na alimentação causada pela excessiva sensibilidade oral/gustativa que causa limitação na ingesta. Checar se a dificuldade maior encontra-se na textura, consistência, sabor, cor, forma etc)

Avaliação

A avaliação clínica deve conter informações sobre a intenção de comunicar da criança, as iniciativas de comunicação, a habilidade de compartilhar a atenção, o espaço comunicativo que ela ocupa na interação, as habilidades dialógicas, o nível de contextualização da linguagem e o nível de desenvolvimento simbólico, sendo importante avaliar o desempenho da criança tanto com o cuidador, quanto com o terapeuta, a fim de compará-lo e facilitar a orientação à família em relação a esses aspectos. A avaliação fonoaudiológica permite a caracterização do perfil comunicativo da criança e seus desvios na linguagem, e deve ser realizada frequentemente, possibilitando assim, a constatação dos avanços terapêuticos. Deve-se ressaltar a importância do diálogo envolvendo família e escola, para obtermos dados mais fidedignos (Perissinoto, 2003, 2011).

Na avaliação clínica, a observação da atenção compartilhada também é imprescindível. Sugere-se observar os seguintes itens:

- A criança se esforça para conquistar a atenção do interlocutor (com gestos, gritos, vocalizações, sorrisos, palavras ou frases)?
- Ela responde às iniciativas de interação (Verbal e/ou não verbal?) do interlocutor?
- Ela tenta direcionar a atenção do interlocutor para um objeto ou situação de seu interesse? (Mostra, aponta,

entrega, comenta, questiona)? Olha para o interlocutor durante esse processo de comunicação? (Não considerar se a criança chamar atenção quando quer algo, mas sim, para mostrar algo que achou interessante).

- A criança observa (olha), se o interlocutor está olhando para aquilo que ela mostrou?
- Ela aguarda a reação do interlocutor após realizar uma tarefa ou mostrar-lhe algo? Ela compartilha a atenção com o interlocutor ao utilizarem objetos diversificados?
- Ela compartilha a atenção, quando o adulto lhe mostra algo?
- Ela solicita auxílio para tarefas que não consegue realizar, levando o objeto ao interlocutor? Faz isso coordenando o olhar?
- Imita gestos e ações do interlocutor?
- Segue modelo para realizar atividades?
- Apresenta sorriso social? (Dirigido ao interlocutor e contextualizado?)
- Consegue entender comandos fora do campo visual?
- Vale ressaltar a importância de se verificar as informações da anamnese durante a avaliação também.

Instrumentos para avaliação

No Brasil há poucas opções de instrumentos, que avaliem objetivamente o desenvolvimento de linguagem. Há disponível comercialmente o teste ABFW (Avaliação das áreas de fonologia, vocabulário, fluência e pragmática) proposto por Fernandes *et al.*, (2000) e o Protocolo de Observação Comportamental (PROC), proposto por (ZORZI & HAGE, 2004).

A análise da habilidade pragmática da linguagem é de extrema importância e se torna possível também por meio do Perfil Comunicativo, prova "Pragmática" do ABFW. O objetivo desse protocolo é avaliar os aspectos funcionais da comunicação, analisando as habilidades da criança para usar a linguagem com funções comunicativas. Neste teste são avaliados aspectos linguísticos e não linguísticos da comunicação pelos meios comunicativos utilizados (verbal, vocal ou gestual), e as funções comunicativas também utilizadas. Os dados obtidos permitem a análise do espaço comunicativo ocupado pela criança e pelo adulto na interação e quais os recursos comunicativos foram usados para tanto. O protocolo envolve 20 categorias para a identificação das funções comunicativas da criança, a saber:

- pedido de objeto;
- reconhecimento do outro;
- exclamativa;
- expressão de protesto;
- protesto;
- performativa;
- narrativa;
- pedido de rotina social;
- comentário;
- não focalizada;
- pedido de ação;
- exibição;
- jogo compartilhado;
- reativa;
- pedido de informação;
- nomeação;
- exploratória;

- pedido de consentimento;
- autorregulatório;
- jogo.

Devemos assinalar por qual meio comunicativo o sujeito utilizou para expressar cada função comunicativa, dentre as vinte categorias descritas acima.

O PROC – Protocolo de Observação Comportamental, apesar de não ter sido desenvolvido especificamente para a avaliação da criança com TEA, é uma ferramenta útil e mais objetiva que outros testes. Ele auxilia na avaliação fonoaudiológica e traz dados relevantes, que contribuem para o diagnóstico e para a intervenção. Este protocolo sugere a observação dos seguintes aspectos:

- Habilidades dialógicas ou conversacionais (Intenção comunicativa, iniciativa de conversação/interação, resposta ao interlocutor, troca de turnos, participação na atividade dialógica).
- Funções comunicativas (instrumental, de protesto, interativa, nomeação, informativa, heurística e narrativa). As funções comunicativas demonstram a habilidade comunicativa do indivíduo, sendo mais rica à medida que diversifica o uso das mesmas. Cabe ressaltar que as funções comunicativas não estão ligadas somente à fala. Elas podem ser observadas em quaisquer meios comunicativos (verbal, vocal ou gestual). Deve-se considerar a função/intenção de um gesto ou uma vocalização, ou seja, o que a criança quis dizer com aquele gesto ou vocalização, para julgar adequadamente de qual função comunicativa se trata.
- Meio de comunicação utilizado (verbal, vocal, gestual). Espera-se que até os quatro meses de vida haja

equilíbrio entre a comunicação pelo meio gestual e vocal, e que no período entre o sexto mês e o início da comunicação verbal (12 meses) os gestos correspondam a dois terços da comunicação expressiva. A partir de 15 meses volta a haver equilíbrio entre o meio gestual e a soma das vocalizações e verbalizações. (FERNANDES, 2000)

- Níveis de contextualização da linguagem (imediata e concreta/faz referência a passado e futuro imediato/ refere-se a eventos distantes no tempo)
- Compreensão verbal
- Formas de manipulação do objeto
- Níveis de desenvolvimento simbólico
- Nível de organização do brinquedo
- Imitação

Considera-se a presença de comunicação intencional, o grau de envolvimento da criança nos intercâmbios comunicativos, se as vocalizações, gestos, e palavras têm intenção comunicativa e se os gestos atingiram níveis de simbolização como apontar, negar com a cabeça, ou se ainda são elementares como pegar na mão, puxar, cutucar.

Intervenção fonoaudiológica

O plano terapêutico deverá ser individualizado e atender às necessidades da criança e às demandas da família. Deve ser direcionado à construção e aprimoramento da habilidade pragmática, ou seja, ao uso funcional da linguagem. Tal princípio se justifica pelo fato de que pessoas com TEA apresentam dificuldades mais significativas nessa interface da linguagem, o que aumenta os prejuízos nas interações sociais. (MISQUIATTI et al., 2013)

Em crianças menores, com até quatro anos de idade, observa-se déficit qualitativo e quantitativo, em graus variados, nos seguintes marcadores relacionados às dificuldades na linguagem: intenção comunicativa, orientação social, contato visual, atenção compartilhada, prosódia, desenvolvimento simbólico.

Para autores o brincar cria a chamada "zona de desenvolvimento proximal", que impulsiona a criança para além do estágio de desenvolvimento que ela já atingiu. A brincadeira é extremamente importante para o desenvolvimento, pois é através dela que a linguagem é construída. Todas as interfaces da linguagem devem ser trabalhadas por meio de atividades lúdicas, tanto durante a sessão, como em casa, juntamente com a família. O brincar nos permite observar como as crianças exploram os brinquedos, e assim podemos aos poucos incentivar maneiras diferentes e criativas de brincar com aquele mesmo objeto (VYGOTSKY, 1989, PERISSINOTO, 2003).

Seguem algumas sugestões de habilidades a serem trabalhadas:

- Orientação social: refere-se ao alinhamento dos receptores sensoriais para um evento social ou para uma pessoa. Deve ser favorecido por meio do desenvolvimento de atividades, utilizando objetos para chamar a atenção da criança e fazê-la notar a presença do outro (MONTENEGRO, 2007).

- Interação: por meio de atividades lúdicas, o terapeuta deve promover intenção e motivação em interagir, para que a criança estabeleça o contato com ele. Também é importante dar função às falas e vocalizações da criança (FERREIRA, 2013).

- Atenção compartilhada – Intersubjetividade primária: é o compartilhamento da atenção numa relação a dois, na qual ocorre a interação face a face com o adulto e a habilidade de incitar o outro a se comunicar. Deve ser estimulada por meio de atividades lúdicas que proporcionem momentos de trocas agradáveis entre adulto e criança (Ex: cócegas, cantigas com gesto etc.). É importante observar as respostas da criança à atenção compartilhada e realizar momentos de pausas, perguntas, entre outros, que permitam que a criança também inicie o compartilhamento da atenção (LAMPREIA, 2008).

- Atenção compartilhada – Intersubjetividade secundária: a habilidade de compartilhar a atenção torna-se mais elaborada, e a relação passa a triádica, envolvendo um objeto além do adulto e da criança. Deve ser contemplada na intervenção por meio de atividades lúdicas com o auxilio de brinquedos/objetos, proporcionando situações em que a criança brinque realmente junto com o terapeuta, e não apenas ao seu lado. Deve-se ainda incentivar a criança a apontar ou mostrar os objetos de seu interesse para o adulto. (LAMPREIA, 2008)

- Contato ocular: desenvolvimento de atividades lúdicas que direcionem o olhar da criança para o olhar do outro. (Ex: esconde-esconde com pano, pinturas faciais, óculos sem lentes, cantigas com gestos na face etc)

- Intenção comunicativa: despertar a intenção da criança de se comunicar dificultando o acesso da mesma a objetos de seu interesse, propondo brincadeiras que chamem sua atenção e a surpreenda, para solicitar que sejam repetidas etc. Além disso, é importante que terapeuta e familiares valorizem e deem significado às formas diversificadas de comunicação que a criança utilizará, para que ela sinta-se encorajada a ampliar as iniciativas de comunicação.

- Imitação de gestos e ações: o processo anterior ao desenvolvimento simbólico é a capacidade de imitação, que devido às habilidades de assimilação e acomodação, permite a construção do símbolo e dos mecanismos verbais (PIAGET, 1978). Com a evolução, a imitação passa do simples fato de reproduzir uma ação logo após tê-la observado, até ser internalizada e utilizada em contextos diversificados, para que depois a criança seja capaz de simbolizar de fato. A imitação pode ser favorecida também de forma lúdica, através de brincadeiras e gestos que a criança possa ver em seu próprio corpo. Associar onomatopeias, monossílabos intencionais, palavras com ações motoras. Por exemplo, enquanto estiver realizando alguma atividade motora com a criança, usar expressões como: um, dois e já!
- Brincadeira funcional: é importante que o terapeuta direcione as brincadeiras da criança com TEA, no sentido de evitar que a manipulação de objetos/brinquedos aconteça apenas de maneira estereotipada (sem sentido aparente). Para auxiliar no desenvolvimento da criança, a exploração de brinquedos/objetos deve ocorrer de acordo com suas funções, a menos que ocorra variação das funções com o objetivo de favorecer o desenvolvimento do simbolismo ou a interação.
- Atividade dialógica: no caso de crianças que possuem comunicação verbal, o terapeuta deve favorecer momentos de diálogo e direcioná-los por meio da utilização de perguntas, levando a criança a dialogar sobre assuntos variados apresentando modelos corretos de fala para que a criança assimile, favorecendo a troca de turnos e a coerência nas ideias. Dar duas opções para a criança tentar nomear (Ex: você quer bola ou carro?).

- Narrativa: na medida em que o desenvolvimento simbólico evolui, a criança passa a ter capacidade de contar fatos que vivenciou e histórias que ouviu. Essa habilidade deve ser beneficiada por meio de contos e recontos de histórias com apoio de figuras de livros e questionamentos do interlocutor. Outra estratégia é a utilização de um caderno de vivências confeccionado pela família juntamente com a criança, onde são registrados através de fotos ou desenhos, passeios e atividades divertidas que a criança vivenciou para servir de apoio para contar fatos que ocorreram anteriormente.
- Desenvolvimento simbólico: pode ser favorecido por meio de atividades de "faz de conta". São atividades nas quais um objeto é utilizado para representar outro e os participantes assumem diversos papéis.
- A seguir alguns pontos do desenvolvimento simbólico segundo autores (ZORZI & HAGE, 2004):
- Uso convencional do objeto: utilizar objetos e miniaturas com a função convencional.
- Aplicação das ações simbólicas em outros: utilizar bonecos e pessoas como parceiros na brincadeira simbólica.
- Sequencialização da ação simbólica (em torno dos quatro anos): realizar ações simbólicas em sequência, inicialmente curta, com os personagens dentro da brincadeira de faz de conta, como por exemplo, colocar comidinha na panela, colocar no fogão, acender o fogo, mexer com a colher, desligar o fogo, servir o prato e fingir que está comendo.
- Colocar-se no lugar do objeto: quando a criança compreende que naquele momento da brincadeira ela é um determinado personagem, sendo possível se envolver totalmente na brincadeira e simbolizar de fato.

Dentro das brincadeiras de faz de conta tais aspectos devem ser observados e favorecidos.

Comunicação Alternativa e Suplementar (CAS)

No Brasil, várias são as nomenclaturas utilizadas para tal tipo de comunicação, no entanto, adotaremos aqui o termo utilizado por uma das pioneiras nesse tipo de estudo que traduziu o termo Augmentative and Alternative Communication (AAC) considerando que *augmentative* corresponde a suplementar, pois atribui a conotação de complemento à fala, utilizando o termo Sistemas de Comunicação Suplementar e/ou Alternativa (CAS) (CHUN, 1991).

Em alguns casos, é possível que a comunicação por meio verbal não seja atingida ou evolua de maneira pouco funcional. Por isso, torna-se importante oferecer à criança outras formas de comunicação, além da verbal. Quando se trata de crianças com autismo, sempre que houver atraso no desenvolvimento da fala é interessante iniciar algum tipo de comunicação alternativa à fala. Se trabalhada de forma correta, a CAS auxilia o desenvolvimento da linguagem, portanto, favorece o aparecimento da fala. Autores observaram em estudo sobre o PECS, o aumento concomitante do uso do método e da fala funcional (CARR & FELCE, 2006).

A CAS promove possibilidades comunicativas por meio da utilização integrada de símbolos, recursos, estratégias e técnicas. Diz-se que a comunicação é alternativa quando ela substitui a fala e suplementar quando o usuário a utiliza como apoio, apenas para complementar a comunicação oral, sem substituí-la. Várias são as maneiras de se utilizar a Comunicação Alternativa e/ou Suplementar. Temos alguns instrumentos como: Fala Sinalizada (SCHAEFFER, MUSIL & KOLLINZAS, 1980), PECS – The Picture Exchange

Communication Symbols (BONDY & FROST, 1994) PCS – Picture Communication Symbols (JOHNSON, 1989) e BCI – Blissymbolics Communication International (CHUN, 1991).

Serão descritos abaixo, dois métodos bastante utilizados para a pessoa com TEA. São eles: Fala Sinalizada, e PECS (The Picture Exchange Communication Symbols).

A Fala Sinalizada é um programa que foi desenvolvido para pessoas com necessidades especiais que apresentam graves alterações de linguagem e comunicação. Ele consiste no uso simultâneo da fala e de um gesto correspondente, que pode ser uma adaptação do sinal utilizado na Língua de Sinais. Vale ressaltar, que a Língua de Sinais propriamente dita, segue uma estrutura própria e não necessariamente vem acompanhada pela fala. Já o sistema de Fala Sinalizada, segue a estrutura da linguagem oral não sendo, pois, considerado como Língua de Sinais.

O objetivo deste programa, é que inicialmente, a pessoa se comunique espontaneamente através dos sinais manuais, depois utilize os sinais concomitantemente à fala, e posteriormente evolua para a linguagem verbal espontânea e generalizada para todos os ambientes. O sinal é realizado de acordo com o número de sílabas que a palavra possui e o adulto pronuncia a palavra enquanto a criança realiza o sinal. Inicialmente pode haver ajuda física para a realização do sinal, até que a criança seja capaz de executar sozinha, uma vez que não é recomendado que a criança emita o sinal para realizá-lo.

Já o PECS é um método desenvolvido para pessoas com autismo e outros transtornos da comunicação, que utiliza objetos concretos, miniaturas, fotos, pictogramas e/ou palavra escrita, para estabelecer a comunicação através da troca, ou seja, a pessoa entrega um cartão simbolizando o que deseja, e recebe aquilo que solicitou. Este método auxilia pessoas com pouca intenção comunicativa, pois trabalha essa habilidade exigindo a aproximação do outro, seguida de uma solicitação, estabelecendo assim a comunicação.

É importante que o terapeuta tenha conhecimento e desenvoltura com o método escolhido e que o mesmo seja bem aceito pelo paciente e pela família, uma vez que serão as pessoas que o rodeiam que colocarão em prática o método escolhido.

Envolvimento familiar

O sistema familiar é integrado, e qualquer circunstância que afete um sujeito da família, afeta todo sistema com um todo (Feltrin & Rodrigues, 2013). Portanto, a integração entre terapeuta e família é imprescindível, sendo a partir dela que se orienta e se faz a intervenção terapêutica. Orientações individuais que possibilitem mudanças de hábitos e condutas são necessárias e devem ser realizadas levando sempre em consideração os valores, as diferenças familiares, culturais e econômicas. O vínculo entre fonoaudiólogo, família e escola é uma condição importante na intervenção para garantir uma evolução efetiva no desenvolvimento da comunicação.

Alguns aspectos importantes a serem trabalhados com os familiares:

- Demonstrar as estratégias utilizadas para o desenvolvimento da linguagem, os objetivos a serem alcançados e como podem contribuir realizando-as em casa;
- Orientar sobre a importância de não "adivinhar" o que a criança deseja, sendo necessário exigir dela alguma iniciativa e estratégia comunicativa, seja ela por meio do olhar para o objeto, do apontar, do apontar e olhar

para o adulto, da utilização de gestos, vocalizações, palavras isoladas ou frases. Para aquelas que já dizem palavras isoladas, o papel do adulto é encorajá-la a iniciar frases de duas palavras – verbo + substantivo (quero água);

- Dar significado às vocalizações emitidas pela criança que ainda não utiliza o meio verbal para se comunicar. Isso faz com que a ela perceba que há possibilidade de se comunicar utilizando formas mais refinadas como as vocalizações e por vezes a fala, incentivando-a a se esforçar;
- Proporcionar interação com equilíbrio do espaço comunicativo. Quando a criança não verbaliza, é comum o adulto falar, não aguardar sua reação e responder por ela, sem deixá-la participar ativamente da interação. Isso provoca um desequilíbrio do espaço comunicativo, diminuindo as possibilidades de intenção comunicativa. Interação saudável é aquela em que os participantes de um processo dialógico dividem o espaço comunicativo;
- Contextualizar as ecolalias e conversar com a criança sobre aquilo que ela está repetindo. Muitas vezes a ecolalia pode representar intenção de comunicar, apesar de necessitar da interpretação do interlocutor para que haja desenvolvimento do assunto. No entanto, quando a ecolalia aparecer interrompendo um diálogo, o interlocutor deve sinalizar à criança que está conversando sobre outro assunto e que depois conversa com ela sobre aquilo que propôs (na ecolalia). Então o adulto desenvolve o assunto que estava conversando de forma mais sucinta, finaliza-o, e retoma o assunto que a criança havia proposto;

- Mostrar para a família a importância de responder à toda iniciativa de comunicação, valorizando e reforçando positivamente sempre que a criança se expressar, o que não significa concordar com todas as solicitações feitas. O "não" também é uma resposta e fornece à criança a certeza de que sua forma de comunicação foi compreendida, refletindo na motivação em comunicar.
- Evitar excessos de estímulos.
- Aproveitar das situações rotineiras, como banho, alimentação, passeio, para colocar em prática as estratégias e incentivar a comunicação da criança.

Considerações finais

Os resultados da intervenção irão variar em cada caso clínico, pois, cada criança irá desenvolver sua linguagem de maneira única. A aquisição da fala é um dos prognósticos positivos e quanto mais precoce a intervenção terapêutica ocorrer maiores as chances de evolução. A confiança na equipe é fator primordial para o sucesso terapêutico, além da integração de todos envolvidos com a criança.

Referências

Andrade, C. R. F., Befi-Lopes, D. M., Fernandes, F. D. M. & Wertzner, H. F. (2000). *ABFW: teste de linguagem infantil nas áreas de fonologia, vocabulário, fluência e pragmática.* Carapicuiba (SP): Pró-Fono.

Bondy, A. S. & Frost, L. A. (1994). *PECS: the picture exchange communication system training manual.* In: Cherry Hill, N. J. *Pyramid educational consultants*, PECS Inc.

Carr, D. & Felce, J. (2006). Increase in production of spoken words in some children with autism after PECS teaching to Phase III. *Journal of Autism and Developmental Disabilities*, 37, 780-787.

Chun, R.Y. & Regina,Y. S. (1991). *Sistema Bliss de Comunicação: um meio suplementar e/ou alternativo para o desenvolvimento da comunicação em indivíduos não falantes portadores de Paralisia Cerebral*. São Paulo: USP (dissertação de mestrado).

Chun, R. Y. (1991). O desenvolvimento da comunicação não verbal através dos símbolos Bliss em indivíduo não falante portador de paralisia cerebral. *Dist Comun*. Out, 4:121-36.

Feltrin, A. B. S. & Rodrigues, O. M. P. R. (2013). *Habilidades Sociais e famílias com crianças com transtornos do espectro do autismo. In: Transtornos do espectro do autismo e fonoaudiologia: atualização multiprofissional em saúde e educação*. Curitiba: Editora CRV.

Ferreira, P. R. (2013). Aspectos da linguagem no autismo de auto funcionamento. In: Camargos Jr, W, et al. *Síndrome de Asperger e outros transtornos do espectro do autismo de auto funcionamento: da avaliação ao tratamento*. Belo Horizonte: Artesã.

Ferreira, P. R. (2015). *Reconhecimento do próprio nome em bebês de 4 meses de idade*. 2015. 141f. Belo Horizonte: Dissertação (Mestrado em Saúde da Criança e do adolescente). Universidade Federal de Minas Gerais.

Johnson, R. M. (1989). *The Picture Communication Symbols - The Wodless Edition*.

Lampreia, C. O. (2008). Processo de desenvolvimento rumo ao símbolo: uma perspectiva pragmática. *Arquivos Brasileiros de Psicologia*, 60, 2.

Misquiatti, A. R. N., Brito, M. C., Armonia, A.C. (2013). Avaliação e terapia de linguagem nos transtornos do espectro do autismo: percurso e resultados em diferentes casos clínicos. In: Brito M C & Misquiatti R N. *Transtornos do espectro do autismo e fonoaudiologia: atualização multiprofissional em saúde e educação*. Curitiba: Editora CRV.

Montenegro M. N. (2007). *Avaliação e estudo dos comportamentos de orientação social e atenção compartilhada nos transtornos invasivos do desenvolvimento*. São Paulo: Dissertação [mestrado em distúrbios do desenvolvimento] Universidade Presbiteriana Mackenzie.

Perissinoto, J. (2003). *Conhecimentos básicos para atender bem a criança com autismo*. São José dos Campos: Pulso.

Perissinoto, J. (2011). Linguagem e comunicação nos Transtornos do Espectro do Autismo. In: Schwartzman, J. S & Araújo, C. A. *Transtornos do Espectro Autismo*. São Paulo: Memnom.

Piaget, J. (1978). *A formação do símbolo na criança*. Rio de Janeiro: Zahar.

Schaeffer, B., Musil, A. & Kollinzas, G. (1980). *Total communication: asigned speech program for non-verbal children. Campaing*. Illionois: Resarch Press.

Vygotsky, L. S. (1989). *A formação social da mente: o desenvolvimento dos processos psicológicos superiores* (J. C. Neto, L. S. M. Barreto & S. C. Afeche, Trans.). São Paulo: Martins Fontes.

Zorzi, J. L. & Hage, S. R. V. (2004). *Proc: Protocolo de Observação Comportamental, Avaliação de Linguagem e Aspectos Cognitivos Infantis*. São José dos Campos: Pulso.

A inclusão na pré-escola*

Aline Abreu Andrade*
Cláudia Teresinha Facchin*
Manuela Correia*
Vivianne Lima Campos Moura*

* Psicólogas

Tendo em vista o comprometimento no desenvolvimento social, da comunicação e o repertório restrito de interesses apresentado pelas crianças com Transtornos do Espectro do Autismo - TEA, (APA, 2014) a inclusão escolar desses alunos deve priorizar o desenvolvimento de tais habilidades. Assim, sob esta perspectiva, a escola assume um papel fundamental na gama de recursos disponíveis para o tratamento deste transtorno, uma vez que as crianças com TEA podem se beneficiar com modelos de interação social proporcionado pelas crianças com desenvolvimento típico, ainda que não consigam compreender perfeitamente o contexto social subjacente. Além disso, existem evidências de que a intervenção precoce, a inserção na educação formal entre os dois e quatro anos de idade e a integração multidisciplinar dos profissionais que atendem a criança

* A *Lei de Diretrizes e Bases da Educação Nacional* denomina o estabelecimento educacional que atende crianças de 0 a 3 anos de "**creche**" e o que atende crianças de 4 a 6 anos de "**pré-escola**". Embora este texto eleja prioritariamente a faixa etária compreendida entre os dois e quatro anos de idade, utilizamos a expressão "pré-escola" por entendermos ser um termo de fácil compreensão ao público a que se destina essa cartilha.

proporcionam resultados eficientes no avanço do seu desenvolvimento (BOSA, 2006).

Legislação

Segundo a *Lei de Diretrizes e Bases da Educação Nacional de 20 de dezembro de 1996*, "a educação infantil tem como finalidade o desenvolvimento integral da criança até seis anos, em seus aspectos físico, psicológico, intelectual e social, complementando a ação da família e da comunidade."

De acordo também com o *Decreto Nº 7.611, de 17 de novembro de 2011,* o Estado tem o dever de garantir um sistema educacional inclusivo em todos os níveis, sem discriminação e com base na igualdade de oportunidades, sem excluir nenhuma criança sob alegação de deficiência; garantir ensino fundamental gratuito e adaptado, de acordo com as necessidades individuais e adotar medidas de apoio individualizadas e efetivas, em ambientes que maximizem o desenvolvimento acadêmico e social. De acordo com este decreto, o público-alvo da educação inclusiva são os alunos com deficiência, transtornos globais do desenvolvimento e altas habilidades ou superdotação. (POKER *et al.*, 2013).

É importante ressaltar que tanto as escolas públicas como as particulares precisam estar preparadas para receber o aluno de inclusão e garantir sua acessibilidade conforme previsto no *Decreto 5.296, de 02 de dezembro de 2004,* bem como garantir recursos pedagógicos adequados ao seu desenvolvimento global. (MAIOR, 2005)

Além disso, de acordo com a *Lei nº 12.764, de 27 de dezembro de 2012;* Art. 3, Parágrafo único: "Em casos de comprovada necessidade, a pessoa com transtorno do espectro autista incluída nas classes comuns de ensino regular, nos termos do inciso IV do art. 2o, terá direito a acompanhante especializado".

A escola inclusiva

Poucas escolas compreendem que o plano de inclusão deve ter como objetivo principal desenvolver as capacidades ainda não adquiridas pela criança e proporcionar recursos para diminuir o seu repertório de comportamentos inadequados. As escolas, em geral, ainda se mantêm muito rígidas ao conteúdo pedagógico, oferecendo pouca flexibilização dos métodos de ensino e da organização das rotinas escolares.

A escola inclusiva ideal é aquela onde todos os alunos se sintam reconhecidos, valorizados e respeitados, e exista um cuidado na elaboração e na transmissão dos conteúdos educacionais que devem ser preparados para atender às demandas específicas de cada aluno (STAINBACK & STAINBACK, 1999).

Planejamento para a inclusão

Planejar a inclusão significa, em primeiro lugar, identificar as necessidades educacionais específicas da criança decorrentes de suas características ou condições, bem como delimitar os recursos que serão utilizados para garantir as condições necessárias ao seu desenvolvimento e aprendizagem.

Nos casos em que não há um planejamento para a inclusão, o ambiente escolar pode acarretar sérios desajustes funcionais a este aluno tais como: comportamentos auto e heteroagressivos, agitação motora, colapso mental, entre outros, impedindo que se beneficie dos processos de socialização e aprendizagem proporcionados às classes de educação infantil.

O principal meio para que se atinja este objetivo é a elaboração do Plano de Desenvolvimento Individual do aluno – PDI, instrumento fundamentado na Lei de Diretrizes e Bases da Educação – Lei 9394/96, que possibilita a adaptação do currículo escolar, métodos, técnicas e recursos às necessidades específicas desse aluno. (POKER *et al.*, 2013). O PDI é um instrumento indispensável para o acompanhamento do desenvolvimento e aprendizagem do aluno inclusivo e deve ser elaborado desde o seu ingresso na escola, por todos os profissionais envolvidos no processo educacional, em parceria com a família e os profissionais de saúde que acompanham a criança e atualizado com a frequência proposta no Projeto Político Pedagógico da escola. (SEE/MG, 2013)

Segundo o Guia de Orientação da Educação Especial na rede estadual de ensino de Minas Gerais, "O PDI, sendo norteador da ação educacional do aluno público alvo da educação especial, é considerado um documento comprobatório de registro de escolaridade, devendo compor obrigatoriamente a pasta individual do aluno." (2013, p. 11).

No PDI deve constar:

- dados da escola e do aluno;
- proposta curricular prevista no projeto pedagógico da escola para o ciclo/série;
- avaliação educacional inicial do aluno;
- levantamento dos conteúdos e capacidades a serem trabalhadas no processo de ensino e aprendizagem do aluno;
- plano de Intervenção Pedagógica;
- estratégias de avaliação educacional após a implantação da intervenção pedagógica. (SEE/MG, 2013)

A equipe de inclusão na escola:

Para que a inclusão seja efetiva, é necessário que a escola invista na formação dos professores e crie uma rede de apoio sólida e bem estabelecida entre gestores escolares, professores, monitores, familiares, mediadores, profissionais de saúde e todas as pessoas que participam direta ou indiretamente do processo educacional desse aluno. Além de adequar os procedimentos de ensino, é preciso que os educadores observem as competências do aluno, e não apenas as suas limitações (Alonso, 2013).

Através do olhar de profissionais capacitados, os alunos de inclusão terão maiores chances de desenvolver habilidades imprescindíveis ao seu processo de desenvolvimento global.

É fundamental, portanto, que a escola trabalhe em conjunto com os profissionais que acompanham a criança, para que estes forneçam orientações sobre como e quando intervir, como incentivar e estimular a comunicação, a socialização e a aprendizagem. É necessário também, que todos os funcionários da escola sejam informados das dificuldades da criança para que saibam como lidar com ela da forma correta, sem excluí-la.

O professor

O professor que recebe um aluno inclusivo em sua sala de aula certamente vê-se diante de um desafio. Em relação às crianças com TEA, as principais dificuldades encontradas pelo professor são: os prejuízos de comunicação-interação, agressividade, estereotipias e rituais do aluno; a insegurança e as dúvidas quanto à prática pedagógica a ser utilizada; as dificuldades no relacionamento com os familiares e a falta de equipe de apoio e recursos técnicos (Goldberg, 2002).

A ansiedade causada pela expectativa do professor quanto às possíveis reações comportamentais desajustadas da criança com TEA, apresentam-se como um fator limitador à aplicação de práticas pedagógicas voltadas para necessidades do aluno. De acordo com Baptista (2002), o trabalho pedagógico integrado transforma limitações em desafios, através de uma postura de confiança na capacidade da criança em situações de confronto. Quando o professor está adequadamente envolvido no processo educacional do aluno com TEA, é possível verificar ganhos significativos no desenvolvimento global dessa criança, aumentando ainda mais a expectativa e a credibilidade em suas potencialidades (CAMARGO & BOSA, 2009).

O mediador

O mediador deve ser um profissional, (ou um estudante orientado por um profissional) da área de saúde ou educação, que possua um conhecimento global acerca do desenvolvimento infantil. O mediador deve agregar a competência necessária para intervir nas situações sociais, comportamentais, cognitivas, pedagógicas e lúdicas que normalmente ocorrem na escola, dentro e fora da sala de aula. Quando mal conduzida, a presença do mediador pode acentuar o processo de exclusão aumentando ainda mais os comportamentos disruptivos da criança.

Assim sendo, é necessário que o mediador e o professor trabalhem em perfeita harmonia ao longo de todo o ano letivo, permitindo que todas as atividades a serem realizadas, dentro e fora de sala de aula, sejam previamente planejadas e adaptadas à criança, empregando-se os recursos que forem necessários para facilitar a sua compreensão, como por exemplo, uso de materiais concretos, lúdicos e até eletrônicos.

O mediador precisa adequar seus meios de intervenção ao grau de comprometimento da criança, buscando atingir o melhor resultado possível dentro das limitações apresentadas. Conhecendo as particularidades da criança, seus déficits e habilidades, o mediador será capaz de antecipar os possíveis obstáculos a serem enfrentados nas atividades vindouras e criar meios que possibilitem seu engajamento nessas atividades. Caso contrário, esta criança sofreria constantes frustrações que a levariam a um crescente isolamento da turma, acentuando o seu atraso no desenvolvimento.

O mediador deve estar preparado para garantir a realização das atividades programadas quando a criança não executá-las espontaneamente, mesmo que para isso seja necessário auxílio físico. As crianças com TEA necessitam muito mais de modelos e recompensas para compreender o objetivo da atividade proposta do que as crianças típicas. Assim, é recomendável que o mediador utilize procedimentos de ensino que reduzam ou eliminem as possibilidades de erros do aluno favorecendo o seu bom desempenho – a aprendizagem sem erro (Melo et al., 2014). Assim, nenhuma atividade é finalizada sem sucesso e sem reforço. A "aprendizagem sem erros" previne a frustração, dá o modelo de execução da atividade e garante a motivação, que é um dos fatores mais importantes para a aprendizagem.

Mais importante do que aprender conteúdos pedagógicos é o aprendizado tornar-se motivador para a criança, e então, as possibilidades serão infinitas. Outro papel importante do mediador, portanto, é de descobrir a gama de interesses da criança para a criação de um material reforçador a ser utilizado no processo de aprendizagem.

Finalmente, é importante ressaltar que o mediador deve se relacionar bem com todas as pessoas que compõe a escola, adultos e crianças, facilitando a comunicação e a consequente adaptação da criança.

Estratégias e Instrumentos especiais para intervenção

Quando o prejuízo na comunicação verbal apresentado pelo aluno com TEA for muito acentuado, será necessária a utilização de métodos de comunicação alternativa. Neste caso, o uso de sistemas que empreguem fotos e gravuras são bastante apropriados a este fim, pois além de exigirem menos do potencial cognitivo da criança, utilizam primordialmente o sistema visual que, de modo geral, são mais bem desenvolvidos e aceitos pelas crianças com TEA do que o conteúdo verbal (Bosa, 2006). Estas estratégias têm por objetivo facilitar a compreensão e a comunicação da criança, diminuindo a frustração e a irritabilidade por não conseguir se expressar, principalmente quando a criança é não verbal.

O sistema PECS (Picture Exchange Communication System), criado em 1985, baseia-se em um sistema alternativo de comunicação por troca de figuras que ensina a criança a discriminá-las e a juntá-las formando sentenças (Loli, Frost, 1996). Esse programa facilita a comunicação, na medida em que estabelece uma associação imediata e objetiva entre uma gravura e um objeto ou atividade familiar para a criança, permitindo que ela tenha um papel ativo no processo de comunicação.

O programa TEACCH (Treatment and Education of Autistic and Related Communication Handicapped Children) propõem estratégias de intervenção personalizadas construídas a partir de um instrumento de avaliação denominado PEP-R (Perfil Psicoeducacional Revisado) que determina as dificuldades, os pontos fortes e as áreas de maior interesse da criança (Leon, 2002). A partir da observação do comportamento da criança, será possível localizar os principais sinais de alerta e traçar metas de intervenção para cada área disfuncional apresentada.

A relação família/escola

Vivemos em um cenário em que as crianças chegam às escolas cada vez mais novas devido à vida profissional dos pais. Elas acabam passando mais tempo com os profissionais da educação do que com a própria família e com isso a escola acaba tendo uma função ainda mais "educadora" do que nas décadas passadas.

A relação família/escola pode facilitar ou dificultar o processo de desenvolvimento e aprendizagem da criança. É fundamental que a escola crie oportunidades para inserir as famílias na vida escolar dos alunos, inserção que vai desde reuniões para apresentar e discutir a proposta pedagógica da escola até eventos lúdicos de interação entre escola-criança-família. Como destaca Szymanski (2001), escola e família são importantes, cada uma com sua característica específica, no processo de aprendizagem da criança.

Segundo o trabalho de Polonia e Dessen (2005), pode-se notar que um relacionamento disfuncional entre escola e família reflete diretamente no desenvolvimento da criança. No entanto, quando família e escola cooperam entre si, cria-se a oportunidade de ampliar o processo de aprendizagem da criança dentro e fora da escola.

Muitos pais não se sentem seguros para relatar à escola sobre o diagnóstico da criança. Eles temem que a escola não os aceite, crie obstáculos para a educação da criança, tenha preconceito, não inclua a criança nas atividades do grupo ou até exija menos dela por supor que ela não é capaz. Se a escola não está ciente do diagnóstico os profissionais que atendem a criança ficam impossibilitados de orientar os profissionais da escola e a criança fica prejudicada por isso. Essa realidade precisa ter fim, as escolas têm que se qualificar e organizar para receber de forma eficaz as crianças com TEA.

Outro problema enfrentado é quando o pai, a mãe ou os dois discordam do diagnóstico e resolvem não relatar à escola. Esse é um fator que dificulta a relação da escola com a criança e com os pais, pois a escola percebe que a criança apresenta comportamentos diferentes dos pares e os pais negam qualquer diferença. Quando isso acontece o desenvolvimento da criança é prejudicado, pois comumente os pais não aceitam qualquer adaptação de material pedagógico, mediação ou conversa sobre as dificuldades da criança.

À família da criança com TEA cabe comunicar à escola os interesses atuais da criança, possíveis reforçadores, se a criança está mais agitada naquele dia, algo que tenha ocorrido com a criança. À escola cabe informar aos pais como foi o dia da criança em relação ao comportamento, interação social, comunicação, independência, o que está sendo trabalhado e exigido da criança para que os pais possam fazer o mesmo em casa. É interessante criarem uma forma alternativa de comunicação, como por exemplo, o uso de uma agenda de comunicação entre família e escola, pois nem todos os dias é possível a comunicação verbal. A comunicação entre família e escola é fundamental, mas a orientação à escola cabe aos profissionais especializados que estejam atendendo a criança.

As duas instituições, família e escola, precisam estar envolvidas no processo de aprendizagem da criança, uma auxiliando a outra sempre que necessário. Quando a escola e a família discordam em relação às praticas educativas a serem utilizadas, o aprendizado torna-se extremamente difícil (Cunha, 2009).

Teoria da Mente

A Teoria da Mente (ToM), pode ser definida como a capacidade para inferir e atribuir estados mentais a si e aos outros, incluindo as emoções, intenções, desejos e crenças e está intimamente relacionada com o sucesso no desenvolvimento das relações sociais do indivíduo. (Lyra *et al.*, 2008, Premack & Woodruff, 1978; Ribeiro *et al.*, 2014).

O convívio social infantil representa um importante recurso para o desenvolvimento da Teoria da Mente, uma vez que permite que as crianças falem sobre seus sentimentos, comparem crenças próprias e alheias e compartilhem planos e intenções (Harris, Rosnay & Pons, 2005).

Ruffman, Slade e Crowe (2002), comprovaram que crianças submetidas a uma linguagem rica em termos mentais que expressam emoção, desejos e pensamentos tendem a apresentar um melhor desenvolvimento da linguagem e uma maior compreensão dos estados mentais das outras pessoas.

As brincadeiras de faz de conta, constituídas por processos imaginativos e subjetivos, são fundamentais para o desenvolvimento social das crianças pequenas, uma vez que ao participar destas brincadeiras, elas aprendem a atribuir um significado simbólico ao pensamento do outro (Sperb & Carraro, 2008).

As brincadeiras e jogos livres das crianças podem ter a participação da professora, que contribuirá para o enriquecimento da linguagem, incentivando o uso de termos mentais durante as interações lúdicas e favorecendo o desenvolvimento das habilidades necessárias à construção da Teoria da Mente (Alves *et al.*, 2007).

A professora poderá também incentivar o desenvolvimento dessas habilidades por meio de atividades de leitura que estimulem o uso de palavras que indiquem estados mentais como, por exemplo, a leitura mediada e a dramatização dos diálogos dos livros de histórias. (Deleau, Maluf & Panciera, 2008). A literatura infantil normalmente presente nas escolas, representa um recurso muito rico para a compreensão infantil dos estados mentais, uma vez que os livros infantis trazem em seu contexto, pistas que remetem a estados de crença, desejo, intenção e emoção, que poderão ser facilmente trabalhados pela professora. (Adrian *et al.*, 2007, Dyer *et al.*, 2000, Rodrigues & Tavares, 2009).

Teglasi e Rothman (2001) propõem que a leitura mediada dos livros infantis seja realizada a partir de algumas perguntas simples tais como:

O que está acontecendo?

O que os personagens estão pensando e sentindo?

Quais as intenções e metas dos personagens?

O que os personagens alcançam com suas ações?

Como os personagens executam e monitoram o próprio comportamento?

Quais são as lições aprendidas?

A utilização dessa estratégia contribuirá significativamente para o desenvolvimento das habilidades necessárias ao desenvolvimento da Teoria da Mente, levando ao aprimoramento da competência social dos alunos.

Tendo em vista os prejuízos sociocognitivos presentes nas crianças com TEA, dentre os quais se destacam as dificuldades para usar símbolos e a inabilidade para interpretar pistas sociais e emocionais, que comprometem severamente o desenvolvimento da Teoria da Mente (MELLO *et al.*, 2007), a utilização na pré-escola dos recursos descritos, seria de grande valia no sentido de diminuir os prejuízos sociais observados nestas crianças.

No quadro a seguir são descritos sinais de alerta frequentemente observados na escola e modelos de intervenção específicos para cada situação.

Sinais de alerta e modelos de intervenção:

Sinais de alerta:	Retraimento e isolamento do grupo social
O quê e como acontece:	A criança prefere brincar sozinha, mesmo quando se encontra em meio a outras crianças e demonstra dificuldade em compartilhar brinquedos e experiências.
Como intervir:	Encorajar a criança a ficar perto do grupo e utilizar os mesmos objetos e brinquedos que os colegas estão usando, mesmo que não participe plenamente da atividade. Provocar a curiosidade da criança oferecendo a ela materiais ou objetos que os outros alunos estão usando e incentivá-la a imitá-los. Propor que os outros alunos brinquem com a criança, trazendo-os para participarem da atividade que ela estiver fazendo.

Sinais de alerta:	Aversão ou desconforto ao receber contato físico.
O quê e como acontece:	A criança se afasta de quem a toca, recusa beijos e abraços, irrita-se etc.
Como intervir:	Deixar que ela tome a iniciativa, por exemplo, pedir um abraço ao invés de abraçá-la. Ensinar aos outros alunos a possibilidade de demonstrar carinho pela criança usando menos o contato físico, por exemplo, por meio verbal ou oferecendo-lhe objetos de seu interesse.

Sinais de alerta:	Busca excessiva pelo contato físico
O quê e como acontece:	A criança abraça ou toca excessivamente o adulto ou outra criança ou encosta-se neles sempre que tem a oportunidade.
Como intervir:	Fazer combinados com a criança, estabelecendo claramente para ela os limites para o contato físico com as outras pessoas.

Sinais de alerta:	Pouco contato visual
O quê e como acontece:	A criança evita ou olha menos nos olhos dos interlocutores, do que as crianças típicas.
Como intervir:	Estimular o contato visual: abaixar-se até a altura da criança, dizer o seu nome e olhá-la nos olhos antes de falar com ela. Mostrar para a criança objetos que a interessem, aproximando-os do seu rosto. Conduzir as mãos da criança até o seu rosto, estimulando o contato físico.

Sinais de alerta:	Rigidez de comportamento e resistência a mudanças de rotina
O quê e como acontece:	A criança se desorganiza diante de fatos inesperados, irritando-se, ficando ansiosa e não conseguindo dar prosseguimento às atividades seguintes.
Como intervir:	Procurar sempre que possível, antecipar as mudanças que irão ocorrer para que a criança consiga se programar e se organizar. Fazer combinados sobre as mudanças que acontecerão, ordenando cronologicamente cada etapa das novas atividades e oferecendo para a criança opções de escolha, para que sua frustração seja menor.

Sinais de alerta:	Focos restritos de interesse
O quê e como acontece:	A criança somente se interessa por um determinado tema ou personagem, por exemplo, dinossauros, homem-aranha etc e não demonstra interesse por qualquer outra atividade que não tenha relação com o seu foco de interesse.
Como intervir:	Utilizar seus assuntos preferidos, para introduzir novos estímulos, motivando-a a interagir com novos objetos e atividades, conduzindo-a gradualmente a ampliar seu repertório de interesses.

Sinais de alerta:	Explosões comportamentais desproporcionais à situação e à idade
O quê e como acontece:	Podem ocorrer devido à rigidez de comportamento da criança, mas também pela dificuldade de compreender o que os outros dizem ou de expressar seus próprios pensamentos. Surge então, uma sensação de confusão e frustração que geralmente culmina em um episódio de colapso mental[1], acompanhado de gritos, choro, auto e heteroagressões e outras formas disruptivas de comportamento.
Como intervir:	Esperar até que a criança se acalme e buscar um canal simples de comunicação, usando, se necessários, auxílios visuais (gravuras, fotos etc), gestuais (mímicas, encenações) ou verbais (palavras isoladas, sons, músicas). Jamais ceder à demanda da criança ou tentar distraí-la enquanto estiver em um episódio colapso mental, pois isso irá reforçar o comportamento indesejável. Gradativamente será possível identificar os gatilhos desses comportamentos para evitá-los.

[1] Vide Glossário

Sinais de alerta:	Movimentos repetitivos e estereotipados
O quê e como acontece:	A criança realiza movimentos intencionais, repetitivos, frequentemente ritmados e sem finalidade aparente (balançar o corpo, as mãos ou a cabeça, bater as mãos na mesa ou em um objeto, pular, balançar, fazer caretas, bater palmas etc...). Em algumas situações podem se manifestar com maior intensidade e agressividade, denotando um aumento de ansiedade ou desorganização sensorial, tais como: bater a cabeça, morder outras pessoas ou a si mesmo, puxar os cabelos etc...
Como intervir:	Procurar diminuir os estímulos do ambiente e esperar que a criança se acalme e se reorganize. Dar função às partes do corpo que realizam a estereotipia bater palmas ao invés de balançar as mãos (*flapping*). Criar brincadeiras funcionais com os objetos usados pela criança nas estereotipias.

Sinais de alerta:	Agitação motora
O quê e como acontece:	A criança corre desordenadamente pela sala, não parando quieta e não respondendo aos comandos.
Como intervir:	Procurar manter o ambiente o mais equilibrado possível, com uma rotina previsível. Procurar orientar sua agitação física para uma atividade estruturada, como por exemplo, chutar uma bola em direção a um alvo, pular em uma cama elástica etc. Estabelecer pausas programadas conduzidas pela mediadora.

Sinais de alerta:	Manuseio inapropriado de objetos
O quê e como acontece:	Rodopiar objetos, girar as rodinhas dos carrinhos inúmeras vezes, enfileirar objetos, agrupá-los por cores e/ou formas, colocar os brinquedos na boca etc.
Como intervir:	Ensinar à criança a função e o manuseio correto de cada objeto, de forma divertida e estimulante, aproveitando o seu foco de interesse. Pode-se usar auxílios visuais, como gravuras, fotos e vídeos ou deixar que a criança observe outras crianças brincando ou manuseando corretamente os brinquedos e objetos. É importante não impedir o manuseio atípico dos objetos e brinquedo pela criança, o que poderia gerar frustração e episódios de "birra". Ao contrário, deve-se atrair a atenção da criança com estímulos atraentes e motivadores, levando-a a aprender novos usos para os objetos.

Sinais de alerta:	Sensibilidade a barulhos
O quê e como acontece:	A criança se irrita, tampa os ouvidos com as mãos, se isola do grupo buscando lugares mais tranquilos, e não atende aos comandos.
Como intervir:	Tranquilizar a criança quando exposta a barulhos mais intensos e redirecioná-la à atividade/brincadeira anterior, tratando a situação com simplicidade e não valorizando as reações excessivas. Solicitar aos outros alunos da sala que façam menos barulho e explicar o motivo da solicitação, buscando assim que os colegas também se automonitorem e participem do processo de inclusão escolar da criança com TEA.

Sinais de alerta:	Dificuldade de compreensão verbal
O quê e como acontece:	A criança não compreende o significado dos comandos verbais ou decodifica apenas as palavras principais sem compreender o significado completo da mensagem.
Como intervir:	Dividir informação em partes menores e dar um único comando de cada vez. Dar instruções individuais para a criança, mesmo que a informação já tenha sido dada coletivamente ao grupo. Associar estratégias visuais aos comandos verbais para facilitar a compreensão da criança, dar uma oportunidade para ela realizar o comando e, na ausência de resposta, ajudá-la fisicamente garantindo a execução da tarefa e reforçando-a, imediatamente.

Sinais de alerta:	Atraso de fala
O quê e como acontece:	Vocabulário restrito, uso impróprio das palavras, dificuldades em se expressar.
Como intervir:	Mostrar constantemente os objetos, nomeando-os. Chamar a criança pelo nome e incentivá-la a apontar e expressar suas vontades e necessidades através de gestos ou verbalizações. Implantar alguma técnica de Comunicação suplementar ou Alternativa.[2]

---

[2] Vide Capítulo Específico

Sinais de alerta:	Ecolalias
O quê e como acontece:	É uma repetição sem significado e sem propósito aparente. A criança repete o que escuta, às vezes total ou parcialmente, imediata ou tardiamente, mas não é capaz interpretar o sentido da fala.
Como intervir:	Buscar a comunicação através de frases curtas e simples ou palavras isoladas acompanhadas de estímulos visuais e gestos. Quando a criança demonstrar qualquer indício de compreensão verbal ou intenção comunicativa, incentivá-la a se expressar verbalmente e elogiá-la por isso. Tentar dar sentido à ecolalia conversando com a criança sobre o assunto que ela está repetindo.

Sinais de alerta:	Dificuldade para simbolizar e compreender conteúdos subjetivos
O quê e como acontece:	A criança apresenta dificuldades nos jogos ou brincadeiras de imitação social e na criação de cenas imaginárias e não demonstra interesse por brincadeiras de faz de conta.
Como intervir:	Trabalhar a função simbólica através de histórias, músicas, atividades de artes, livros etc... Incentivar o vinculo afetivo com seus pares, propondo atividades que estimulem a imaginação e a criatividade. Incentivar e elogiar a criança em cada pequeno avanço simbólico e ajudá-la a ampliar seu repertório de brincadeiras. Garantir que a criança já possua habilidades de imitação bem estabelecidas

Referências

Almeida, M. A., Piza, M. H. M., & Lamonica, D. A. C. (2005). Adaptações do sistema de comunicação por troca de figuras no contexto escolar. *Pró-Fono R. Atual,* 17, 2, 233-240. Available from <http://www.scielo.br/scielo.php?script=sci_arttext&pid=S0104-56872005000200012&lng=en&nrm=iso>. access on 17 Apr. 2015. http://dx.doi.org/10.1590/S0104-56872005000200012.

Alonso, D. (2013). *Os desafios da Educação inclusiva: foco nas redes de apoio.* São Paulo: Revista Nova Escola, Editora Abril.

Alves, A. C. S., Dias, M. G. B. B., & Sobral, A. B. C. (2007). A relação entre a brincadeira de faz de conta e o desenvolvimento de habilidades na aquisição de uma teoria da mente. *Psicologia em Estudo,* 12(2), 325-334.

Andrade, S. A., *et al.* (2006). Ambiente familiar e desenvolvimento cognitivo infantil: uma abordagem epidemiológica. *Rev.Saúde Publica,* 39, 4.

APA (Ed.). (2014). *Manual Diagnóstico e Estatístico de Transtornos Mentais - DSM-5* (5a. edição ed.). Porto Alegre: Artmed.

Bernard-Opitz V. (1982). Pragmatic Analysis of the Communicative Behaviour of an Autistic Child. *J of Spe and Hea Disord.*

Bhering, E., & Blatchford, I. (1999). A relação escola-pais: um modelo de trocas e colaboração. *Cadernos de Pesquisa,* 106, 191-216.

Bosa, C. A. (2006). Autismo: Intervenções psicoeducacionais. *Rev Bras Psiquiatr.* 28(Supl I), S47-53.

Brasil. (2011). Decreto N° 7.611, de Novembro de 2011. Dispõe sobre a educação especial, o atendimento educacional especializado e dá outras providências. Disponível em: http://www.planalto.gov.br/ccivil_03/_Ato2011-2014/2011/Decreto/D7611.htm. Acesso em: 5 de setembro de 2014.

de Diretrizes, L., & da Educação, B. LEI n° 9.394, de 20 de Dezembro de 1996. Estabelece as diretrizes e bases da educação nacional. Brasília (Brasil).

Camargo, S. P. H., & Bosa, C. A. (2009). Competência social, inclusão escolar e autismo: Revisão crítica da literatura. *Psicologia e Sociedade*, 21 (1), 65-74.

Cunha, E. (2009). *Autismo e Inclusão Psicopedagogia e práticas educativas na escola e na família*. Rio de Janeiro: Wak Editora.

DA UNIÃO, D. O. DECRETO N° 5.296 DE 2 DE DEZEMBRO DE 2004. *Página Eletrônica: https://www. planalto. gov. br/ccivil/_ato2004-2006/2004/decreto/d5296. htm.*

Del Prette, Z. A. P., & Del Prette, A. (2005). *Psicologia das habilidades sociais na infância: Teoria e prática*. Petrópolis: Vozes.

Deleau, M., Maluf, M. R., & Panciera, S. D. P. (2008). O papel da linguagem no desenvolvimento de uma teoria da mente: como e quando as crianças se tornam capazes de representações de estados mentais. In T. M. Sperb & M. R. Maluf (Orgs.). *Desenvolvimento sociocognitivo: estudos brasileiros sobre teoria da mente*. São Paulo: Vetor, p. 93-130.

de Leon, V. C. (2002). *Estudo das propriedades psicométricas do perfil psicoeducacional PEP-R: elaboração da versão brasileira* (Doctoral dissertation, Universidade Federal do Rio Grande do Sul).

Goldberg, K. (2002). *A percepção do professor acerca do seu trabalho com crianças portadoras de autismo e síndrome de Down: um estudo comparativo*. Dissertação de Mestrado, Universidade Federal do Rio Grande do Sul.

Haddad, L. (1987). A relação creche-família: relato de uma experiência. *Cadernos de Pesquisa*, 60, 70-8, fev.

Klaus, V. (2004). *A família na escola: uma aliança produtiv*. Porto Alegre: Dissertação (Mestrado em Educação). Universidade Federal do Rio Grande do Sul. Faculdade de Educação. Programa de Pós-Graduação em Educação.

López, J. S. (2002). *Educação na família e na escola: o que é, como se faz*. São Paulo: Edições Loyola.

Lyra, P., Roazzi, A., & Garvey, A. (2008). Emergência da teoria da mente em relações sociais. In T. M. Sperb & M. R.

Maluf (Orgs.). *Desenvolvimento sociocognitivo: estudos brasileiros sobre "teoria da mente"*. São Paulo: Vetor, p. 55-92.

Fávero, E. A. G., Luisa de Marillac, P. P., & Mantoan, M. T. E. (2004). *O acesso de alunos com deficiência às escolas e classes comuns da rede regular*. Procuradoria Federal dos Direitos do Cidadão.

MEC (Ministério da Educação) (2007).Política Nacional de Educação Especial na Perspectiva da Educação Inclusiva. Brasília. Disponível em: <http://peei.mec.gov.br/arquivos/politica_nacional_educacao_especial.pdf>. Acesso em 08 de setembro de 2014.

Melo, R. M., Hanna, E. S., & Carmo, J. S. (2014). Ensino sem erro e aprendizagem de discriminação. *Temas psicol,* 22, 1, abr. Disponível em <http://pepsic.bvsalud.org/scielo.php?script=sci_arttext&pid=S1413=389-2014000100016X&lng=pt&nrm-iso>. Acessos em 22 maio 2015. http://dx.doi.org/10.9788/TP2014.1-16.

Oliveira M. T. (2003). A Diversidade Sintomática na Ecolalia. *Rev Dist da Comum*.

Martins, S., Martins, C., Giroto, C., Poker, R., Milanez, S., & Lippe, E. (2011). Atendimento Educacional Especializado: análise do índice de evasão de professores em curso de pós-graduação, na modalidade a distância. Indagatio Didactica, 3(2).

Polonia, A. C., & Dessen, M. A. (2005). Em busca de uma compreensão das relações entre família e escola. Psicologia Escolar e Educacional (Impr.) *Psicologia Escolar e Educacional,* 9, 2, 303-312. Disponível em: <http://www.scielo.br/pdf/pee/v9n2/v9n2a12.pdf>. Acesso em: 15 dez. 2010. doi: 10.1590/S1413-8557200500020001

Premack, D., & Woodruff, G. (1978). Does the chimpanzee have a "theory of mind"? *Behavioural and Brain Sciences,* 4, 515-26.

Ribeiro, N. N., Batista, T. C. D., & Rodrigues, M. C. (2014). Teoria da mente: possíveis implicações educacionais. *Psicol. argum,* 32(78), 127-135.

Scheuer, C., et al. (2007). *Neuropsicologia do autismo*. In: Mello, C.B., Miranda, M.C. & Muskat, M. *Neuropsicologia do desenvolvimento*. São Paulo: Memnon, 202-211.

Seagoe, M. V. (1978). *O processo de aprendizagem e a prática escolar*. 2ed. *Vol.107*. São Paulo: Companhia Editora Nacional.

Secretaria de Estado de Educação de Minas Gerais – (2013). Guia de Orientação da Educação Especial na rede estadual de ensino de Minas Gerais.

Silva, R. D. L. M. D., Rodrigues, M. C., & Silveira, F. F. (2012). Teoria da Mente e Desenvolvimento Social na Infância. *Psicologia em Pesquisa*, 6(2), 151-159.

Szymanski, H. (2001). *A relação família/escola: desafios e perspectivas*. Brasilia: Plano.

Szymanski, H. (2006). Práticas educativas familiares e o sentido da constituição identitária. *Paidéia*, 16, 33, 81-90.

Teglasi, H., & Rothman, L. (2001). Stories: A classroom-based program to reduce aggressive behavior. *Journal of School Psychology*, 39(1), 71-94. doi:10.1016/S0022-4405(00)00060-1

Tereciani, K. (2008). *A relação escola-família no cotidiano da escola infantil: um panorama histórico*. Bauru: Dissertação (Licenciatura em Pedagogia). Departamento de Educação, Universidade Estadual Paulista.

A importância do Brincar para o Desenvolvimento

Aline Abreu Andrade
Psicóloga

Ana Paula Ferreira Costa
Terapeuta Ocupacional

Brincar é um aspecto crítico do crescimento infantil, contribuindo para o desenvolvimento social, cognitivo, de linguagem e de simbolização, bem como para o bem-estar físico e emocional (Russ & Niec, 2011). Neste capítulo, serão apresentadas concepções sobre o Brincar em crianças com autismo, sob os enfoques da psicologia e da terapia ocupacional, abordagens complementares na intervenção com pessoas com autismo.

O Brincar sob a ótica da Psicologia

O desenvolvimento da habilidade de brincar ocorre de forma sequencial, iniciando-se pela brincadeira diádica (entre o adulto e o bebê, sem brinquedo), passando pela manipulação de brinquedos e, posteriormente, pelo brincar funcional, até se tornar uma brincadeira simbólica (Naber *et al.*, 2008). Desta forma, o início da evolução da habilidade de brincar se dá na interação entre o cuidador e o bebê. Sendo uma ação inerentemente relacional, o brincar se constitui na base do desenvolvimento da interação social e da comunicação. Assim sendo, nas crianças com desenvolvimento típico, esta progressão ocorre sem necessidade de ensino formal e as crianças aprendem a brincar "naturalmente".

Nas crianças com transtorno do espectro do autismo (TEA), observa-se muitas vezes que tal habilidade encontra-se ausente, rígida ou não simbólica, o que se explica pelos atrasos ou déficits no desenvolvimento cognitivo e/ou social (Jarrold, Boucher, & Smith, 1996). Frequentemente, essas crianças apresentam interesses restritos e repetitivos, bem como a presença de estereotipias, associados a um repertório muito pobre de brincar.

Para tanto, serão apresentadas estratégias específicas, que auxiliam no desenvolvimento do brincar, sendo diretrizes para a estimulação desta habilidade em crianças com autismo.

A expressão "brincar" está usualmente associada à apresentação de um brinquedo à criança, mas tal atividade pode ser realizada sem o uso de brinquedos, só entre pessoas, o que é chamado de brincadeira diádica. Esta forma de interação envolve somente a criança e a outra pessoa e é, em geral, mais física (por exemplo, cosquinha, esconde-esconde, serra-serra etc). Por meio desta forma de brincar, a criança com autismo passa gradualmente a perceber a interação social como prazerosa e previsível. Além disso, durante a brincadeira diádica é possível estimular vários comportamentos como o contato ocular, a iniciativa social, a comunicação (p. ex., por meio de gestos ou sons específicos), dentre outros (Naber et al., 2008).

Em paralelo ao enfoque diádico, deve ser realizada a estimulação de brincadeiras triádicas, que envolvem a interação entre a criança, a outra pessoa e um objeto. Esta forma de brincar exige mais da criança, na medida em que demanda alternância do foco atencional dela entre o brinquedo e quem brinca com ela. Com base nesta forma de brincar, é possível desenvolver também outras competências, como a atenção compartilhada.

Deve-se destacar, que tanto na brincadeira diádica quanto na triádica, inicialmente, pode ser que a atividade não seja intrinsecamente agradável. Desta forma, para manter a criança motivada, deve-se fornecer um reforçador (por exemplo, uma outra atividade prazerosa para a criança) logo após a execução da brincadeira. Gradualmente, o Brincar torna-se intrinsecamente agradável. Para que isto ocorra, deve-se variar bastante a brincadeira, para encontrar aquelas que realmente despertam interesse na criança. Muitas vezes são atividades simples e até improvisadas. Assim, é necessário usar a criatividade para estimular a criança a desenvolver sua capacidade de abstração e inventividade.

Ensinar o uso funcional do brinquedo, por meio de modelação (dar modelo para que a criança imite a ação), ajuda física (pegando na mão da criança e fazendo o movimento com ela) e/ou modelagem (ensino gradual da habilidade) também auxilia para que a criança entenda a forma de realizar cada atividade. Brinquedos que dispensam a interação com o outro, que "brincam sozinhos", não desenvolvem esta habilidade, por restringirem as oportunidades do brincar compartilhado.

O Brincar em conjunto muitas vezes exige também a habilidade de troca de turno (agora é a minha vez, agora é a sua vez) e desta forma, a criança entende que durante a vez do outro, ela deve esperar e observar. Esta alternância é muito importante e servirá de treino para as habilidades de diálogo no futuro.

Outra estratégia comum utilizada para estimulação do brincar funcional é a brincadeira dirigida pela criança, ou instrução "naturalística". Esta forma de estimulação envolve acompanhar o foco de atenção da criança, observando em que ela está interessada e buscando participar do que ela já está fazendo. Por exemplo, os pais estão tentando interagir com a criança e ela está olhando para um relógio. Os adultos, ao perceberem que a criança está com o foco de atenção no relógio, pode buscar participar deste interesse dela, seja nomeando o objeto (É o relógio, João"), seja fazendo a onomatopéia relacionada ao relógio ("Tic tac") associada ao contato físico (a cada vez que o adulto fala "Tic tac", balança com a criança para os lados). Desta forma, o adulto ajuda a criança a deslocar o seu foco de atenção do objeto para a brincadeira (no caso do exemplo, uma brincadeira diádica) (ROGERS & DAWSON, 2010).

Um nível mais elaborado de brincadeira é chamado de "brincar simbólico" ou "faz de conta", o qual exige habilidade de abstração da criança. A brincadeira de faz de conta pode ser feita com ou sem brinquedos. O faz de conta com brinquedos pode ser realizado com animais, bonequinhos, fantoches etc, enquanto no faz de conta sem brinquedos é possível inventar uma história e colocar a criança para ser um dos personagens (super herói, princesa etc). Ao estimular a brincadeira simbólica de rotinas sociais, como acordar, tomar banho, ir para a escola etc, ensina-se, ao mesmo tempo, entre outras coisas, a noção de sequenciação e planejamento (JARROLD, BOUCHER, & SMITH, 1996).

O ensino do Brincar simbólico deve ser estruturado, com aumento gradual do nível de dificuldade. Desta forma, cabe ao cuidador/profissional dividir a atividade complexa em etapas, para que a criança consiga ter uma aprendizagem e se manter motivada (ABREU & GUILHARDI, 2004).

Uma característica das crianças com autismo, em geral, é terem mais facilidade de brincar com adultos, por isto, antes de tentar que a criança brinque de uma atividade com seus pares, deve-se garantir que ela já domina aquela forma de brincar com adultos. Desta forma, a criança é exposta a um desafio de cada vez e tem maior chance de sucesso.

De forma geral, brincar com crianças já conhecidas (colegas de escola, irmãos) é mais fácil do que com desconhecidas e desta forma, a família deve ser ativa em propiciar oportunidades de brincar com crianças de contato mais frequente (chamando-as para ir em casa, combinando de encontrar na praça etc).

Os irmãos da criança com autismo devem ser estimulados a participar das brincadeiras com a maior frequência possível. Ao conseguir uma interação de qualidade entre eles, a criança com autismo passa a ter estimulação social com alta frequência e em ambiente natural. Com isto, toda a família se beneficia e a criança se desenvolve mais rapidamente.

Por fim, cabe ressaltar que o Brincar é a forma de interação basal da criança. Uma criança que brinca desenvolve a habilidade de decodificar e deduzir sobre os sentimentos e pensamentos do outro (Teoria da Mente), aprende a prestar atenção, elaborar metas, planejar ações, agir de forma flexível e controlar seus impulsos (funções executivas), evolui na habilidade de separar o que é essencial do que é secundário (coerência central). Desenvolve ainda vários comportamentos, que são centrais para a aprendizagem de forma geral, tais como a imitação, a atenção compartilhada e a troca de turno. Sendo assim a habilidade de brincar é de extrema importância para o desenvolvimento da criança com TEA (Russ & Niec, 2011).

O Brincar sob a ótica da Terapia Ocupacional com enfoque na Integração Sensorial

A Integração Sensorial é definida por Ayres (1972) como o "processo neurológico que organiza as sensações provenientes do corpo e do ambiente, para o uso efetivo do corpo no ambiente". De acordo com a Teoria de Integração Sensorial os sistemas sensoriais vestibular, proprioceptivo, tátil, visual e auditivo são a base para o desenvolvimento na infância. Ayres (1979) postula que brincar é de fundamental importância para que a integração sensorial aconteça. Na busca por estímulos e experiências novas e na tentativa incessante de dominar o ambiente, a criança se esforça por organizar respostas adaptativas para alcançar novos domínios. À medida que faz isso, o desenvolvimento da integração sensorial acontece, permitindo a organização de interações cada vez mais complexas com o ambiente (Lindquist, Mack, & Parham, 1982).

O ambiente pode favorecer o desenvolvimento da integração sensorial desde que algumas condições estejam disponíveis como materiais, tempo e espaço para brincar, modelos de brincadeira e apoio dos adultos. Além disso, a capacidade da criança de aproveitar essas oportunidades para organizar o comportamento lúdico pode influenciar no valor dessas experiências iniciais de integração sensorial.

As primeiras experiências de brincar enfatizam o uso do corpo todo, nas interações com o ambiente e servem de base para a organização das sensações. A imitação, a exploração e a repetição de comportamentos novos ao brincar permite à criança desafiar suas potencialidades e desenvolver estratégias de interação em um padrão sensório motor, construtivo e social.

No nível sensório-motor, a habilidade de organizar e integrar as sensações é importante para que a criança possa usar o corpo eficientemente ao brincar. No nível construtivo, os produtos da integração sensorial como a praxia (habilidade nas ações motoras), a coordenação viso-motora e a percepção visual vão influenciar na qualidade da interação da criança com objetos. No nível social, os produtos finais da integração sensorial como a autoestima e a autoconfiança da criança vão influenciar no seu desejo e na sua habilidade de interagir, cooperar e competir com seus pares.

O processo de integração sensorial e o brincar estão intimamente relacionados. Se por um lado, grande parte do desenvolvimento da integração sensorial ocorre no contexto da brincadeira, por outro lado, o processamento sensorial adequado irá influenciar a habilidade da criança de dominar com sucesso os desafios do ambiente seja no brincar sensório motor, construtivo ou social (LINDQUIST, MACK, & PARHAM,1982).

Os sistemas tátil, vestibular e proprioceptivo e sugestões de atividades

O Sistema Tátil

O sentido do tato (ou percepção tátil) é um dos nossos sentidos mais importantes. Seu desenvolvimento inicia-se bem cedo, logo depois que o bebê é concebido, e se torna bastante ativo muito antes deste nascer. Como os outros sentidos que também têm um papel importante na integração sensorial, o sentido do tato realiza seu trabalho sem que percebamos. Ele é muito importante, pois nos permite realizar muitas tarefas e nos faz sentir confortáveis e à vontade em várias situações.

Tente gradualmente adicionar uma variedade de experiências táteis durante as brincadeiras, banho, alimentação etc. Normalmente, será mais fácil para a criança começar a brincar com elementos táteis escolhidos por ela mesma, do que através da imposição. Você pode demonstrar a brincadeira e tentar fazer com que pareça agradável. Adicione brincadeiras imaginárias (p. ex.: fazer com que a criança finja que é um ursinho de pelúcia, cobrindo seus braços, pernas e talvez o rosto, com espuma de sabão na banheira; deixe-o, então, tirá-la com uma toalha ou bucha). Proporcione oportunidades para ela rolar na grama, escavar na areia, brincar na banheira, pintar usando os dedos, ou qualquer outra atividade tátil que seu filho queira tentar. No entanto, não force sua participação. (MAILLOUX, Z.,1992)

O sistema vestibular

O sistema vestibular, ou sentido do movimento, começa a se desenvolver algumas semanas após a concepção e tem um papel muito importante no desenvolvimento inicial da criança.

As estruturas do sistema vestibular que recebem a informação que vai ser enviada ao cérebro estão localizadas no ouvido interno. Uma delas é um par de canais semicirculares cheios de líquido que responde ao movimento e à mudança de direção. A outra é uma estrutura parecida com um saco que responde à mudança na posição da cabeça e à força da gravidade. As informações sobre o movimento e a posição da cabeça que "entram" por estas estruturas são enviadas a diferentes áreas do cérebro.

Uma função importante do sistema vestibular é tornar possível coordenar o movimento dos olhos com os movimentos da cabeça. Isto ocorre em atividades tais como copiar do quadro (olhar para cima e depois para baixo), virar a cabeça para olhar um objeto que está em movimento (como quando olhamos para a bola, durante uma partida de futebol, ou quando olhamos para uma página de um livro para ler).

O sistema vestibular também é importante para nos ajudar a desenvolver e a manter o tônus muscular normal. O tônus não é o mesmo que força muscular, mas nos permite manter nosso corpo posicionado e sustentar certas posturas.

O equilíbrio também é bastante influenciado pelo sistema vestibular. Além disso, nossa habilidade de coordenar os dois lados do corpo (como é necessário para andar de bicicleta ou cortar com a tesoura) também requer boa função vestibular. Finalmente, alguns aspectos da linguagem parecem estar intimamente relacionados à maneira pela qual o sistema vestibular processa informação.

1. Experiências com movimento são muito importantes para a criança em desenvolvimento. Reserve um período durante o dia para atividades com movimento, tais como balançar, escorregar ou andar em equipamentos de parque.

2. Encoraje movimentos ativos e autoiniciados pela criança ao invés de movimentos passivos (p. ex.: nunca gire, rode ou balance uma criança, excessivamente ou por períodos pré-determinados).

3. Experimente ver se sua criança consegue sentar melhor ou fazer o dever de casa com mais facilidade, após uma atividade física. (especialmente balançar ou uma atividade que inclua movimento). *O sistema vestibular geralmente tem um efeito imediato sobre o sistema nervoso* e, para algumas crianças, estas atividades podem tornar o trabalho de mesa muito mais fácil.

4. Encoraje atividades nas quais a criança fique deitada de barriga para baixo, mantendo a cabeça para cima (p. ex.: tente brincar com lego nesta posição, ou balançar deitado e atingir objetos em um alvo).

5. Incentive atividades "bilaterais" ou que necessitem do uso dos dois lados do corpo, tais como pular corda, nadar, andar de bicicleta, pedalar etc. (MAILLOUX, Z., 1992).

Sistema Proprioceptivo

Os receptores desse sistema estão localizados nos músculos e articulações. Permitem ao cérebro reconhecer quando e como os músculos se contraem ou se estiram. Ele permite à criança reconhecer onde está cada parte de seu corpo e como elas se movem. Informações desse sistema são necessárias ao desenvolvimento da percepção espacial e da habilidade de planejamento motor (elaboração de estratégias de movimento para se alcançar o objetivo da atividade motora).

O sistema proprioceptivo é ativado através de atividades como puxar/empurrar, pular, atividades que requeiram força, que envolvam carregar peso e pressão profunda ou toque firme. Este tipo de sensação geralmente acalma a criança e também pode ser útil quando ela se desorganiza facilmente.

1. Incentivar a criança a ajudar no *"trabalho pesado"* de casa, como carregar a sacola de compras, empurrar o carrinho de supermercado etc.

2. Brincar de alpinista e colocar sacos de feijão ou de areia numa mochila de tamanho apropriado para a criança. Fazer de conta que está "escalando uma montanha" e "pulando as pedras", no quintal ou no parque. Pular na cama elástica.

3. Fazer um *sanduíche* com a criança usando duas almofadas grandes. Gentilmente, coloque pressão sobre as almofadas fazendo de conta que está colocando "ingredientes" no sanduíche.

4. Pedir à criança que feche seus olhos e "sinta" onde seus braços, suas mãos e suas pernas estão. Perguntar se eles estão para cima ou para baixo. Ver se a criança consegue assumir posições diferentes sem olhar (p. ex.: rolar, tocar seu nariz com o dedo,

fazer um círculo no ar com os braços, fazer um X com suas pernas e braços).
5. Proporcionar à criança estímulo proprioceptivo extra quando estiver aprendendo uma nova habilidade. Por exemplo, usar um colete com peso quando tenta jogar uma bola, pode dar um feedback extra sobre a posição dos braços. Outros exemplos incluem praticar letras, formas ou números fazendo-os com massinha ou outra textura firme; colocar as mãos nos quadris ou nos ombros da criança e proporcionar pressão suave, quando a criança estiver aprendendo uma nova habilidade como subir escadas ou andar de patins; ajudar a criança a se mover ou a se guiar oferecendo uma pequena resistência ao movimento para que "sintam" mais facilmente (MAILLOUX, Z., 1992).

Como as famílias podem desenvolver as habilidades de brincar para promover a saúde e o bem-estar da criança?

- Durante os primeiros meses de vida, os bebês se divertem com móbiles coloridos, chocalhos, brincadeiras com a voz como conversa e cantigas, e jogos envolvendo partes do seu corpo como seus braços e pernas. Encoraje seu bebê a participar enquanto está deitado de costas, de barriga para baixo ou de lado, ou quando está sentado em seu colo.
- À medida que os bebês aprendem a alcançar, segurar e sentar sozinhos, eles começam a se interessar por brincadeiras no espelho, bolas, brinquedos de apertar, bater e jogar longe. Os bebês também gostam de brincadeiras interativas como esconder e achar, e folhear livros. Brinquedos que flutuam na água e letras de

plástico, que se fixam na parede proporcionam muito divertimento na hora do banho.

- Uma vez que os bebês gostam e aprendem a colocar os brinquedos dentro da boca, certifique-se de que eles brincam com brinquedos adequados para sua idade e que não possuam partes pequenas.
- À medida que as crianças aprendem a andar e a correr, elas interessam em correr atrás, esconder e achar, escalar e empurrar objetos.
- As crianças pequenas desenvolvem a habilidade com as mãos, encaixando formas geométricas dentro dos orifícios ou desenhando. Elas também gostam de livros e brinquedos que produzem sons. Elas começam a imitar, por exemplo, falando a um telefone de brinquedo ou imitando o som da batida de um martelo.
- A imitação e o jogo de faz de conta intensificam nos anos pré-escolares, com o uso de fantasias, fantoches, carrinhos e trens. As crianças no período pré-escolar gostam de jogos de construção como montar brinquedos e quebra-cabeças, que irão futuramente desenvolver sua coordenação motora. Elas gostam de brincar no parquinho e de pedalar. Elas brincam com materiais de diferentes texturas como pintura a dedo e areia.
- Os jogos no período pré-escolar ensinam a alternar a vez e a ficar junto dos outros.
- Essas atividades também ajudam a criança a desenvolver as habilidades de fala.

Brincar é essencial para o bem-estar social, emocional, cognitivo e físico da criança e se inicia logo no começo da infância. É um instrumento natural que a criança tem para desenvolver resiliência à medida em que aprende a cooperar, superar desafios e a negociar com os outros. Brincar também possibilita à criança ser criativa e aos pais se engajarem completamente no mundo de seus filhos, se vincular a eles, e ver o mundo sob a perspectiva da criança (MILTEER, GINSBURG & MULLIGAN, 2012).

Entretanto, muitos pais das crianças com autismo desconhecem a importância do brincar, as brincadeiras próprias a cada fase do desenvolvimento e as maneiras particulares de interação de seu filho.

Uma orientação profissional adequada permite a identificação da fase do desenvolvimento em que a criança se encontra, o estabelecimento de um programa de estimulação do desenvolvimento e o planejamento de orientações aos pais e cuidadores sobre formas de estimulação através de brinquedos e brincadeiras e maneiras de interação necessárias à promoção do desenvolvimento infantil.

Referências

Abreu, C. N. &Guilhardi, H. J. (Orgs.) (2004). *Terapia Comportamental e Cognitivo comportamental; práticas clínicas.* São Paulo: Roca.

Ayres, A.J. (1972). *Sensory Integration and Learning Disorders*, Los Angeles: Western Psychological Services.

Ayres, A.J. (1979). *Sensory Integration and the Child,* Los Angeles: Western Psychological Services.

Jarrold, C., Boucher, J. & Smith, P. K. (1996). *Generativity deficits in pretend play in autism.* British Journal of Developmental Psychology, 14, 275–300.

Lindquist, J.E., Mack, W. & Parham, D.L., (1982). *A Synthesis of Occupational Behavior and Sensory Integration Concepts in Theory and Practice, Part 2: Clinical Applications.* American Journal of Occupational Therapy, July, v.6, n.7

Mailloux, Z., (1992) apostilas curso OT610 - Ayres Clinic, Los Angeles.

Milteer, R.M., Ginsburg K.R.& Mulligan, A.D. (2012). *The Importance of Play in Promoting Healthy Child Development and Maintaining Strong Parent-Child Bond*, Pediatrics, January, v. 129, i.1, p.433-437.

Naber, F., Bakermans-Kranenburg, M. J., van Ijzendoorn, M. H., Dietz, C., van Daalen, E., Swinkels, S. H., Buitelaar, J. K., &van Engeland, H. (2008*). Joint attention development in toddlers with autism.*Eur Child Adolesc Psychiatry, Apr, 17, 3, 143-52.

Rogers, S. J. & Dawson, G. (2010). *Early start denver model for young children with autism.* The Guilford Press, New York.

Russ, S. W. &Niec, L. N. (2011). *Play in Clinical Practice.* The Guilford Press, New York.

Equipe multidisciplinar

Albert Luciano Oliveira (Psicólogo), *Aline Abreu Andrade* (Psicóloga), *Ana Paula Ferreira Costa* (Terapeuta Ocupacional), *Isadora Adjuto Teixeira* (Psicóloga), *Lara Mascarenhas Ribeiro Paula* (Psicóloga), *Letícia Viana Pereira* (Fonoaudióloga), *Lídia Lima Prata* (Psicóloga), *Lívia Fátima Silva Oliveira* (Psicóloga), *Lucas Araújo Lima Géo* (Psicólogo), *Manuela Correia* (Psicóloga), *Natália Barbosa Chagas Brescia Moura* (Fonoaudióloga), *Patrícia Reis Ferreira* (Fonoaudióloga), *Vivianne Lima Campos Moura* (Psicóloga), *Walter Camargos Jr* (Psiquiatra da Infância)

Este tema, oriundo da prática clínica da Equipe apresenta apenas alguns tópicos importantes, devido a impossibilidade de abordar o assunto em toda a sua extensão.

O objetivo de uma Equipe Multidisciplinar

O objetivo do trabalho em equipe é a busca de serviços e atendimentos de alta qualidade. As características diversas descritas neste livro só farão sentido se a equipe mantiver como meta permanente o aprimoramento do serviço pela constante busca de novas informações técnicas.

A diversidade de olhares, focos e perspectivas são importantes ferramentas para que o tratamento não fique circunscrito aos objetivos de cada área do conhecimento, pois é sabido que a melhora, ou piora, funcional de uma área afeta outras, envolvendo assim todos os saberes e, portanto, seus profissionais. Assim sendo, o ciclo só é fechado quando a equipe é capaz de atender às diversas demandas do paciente.

A clareza na metodologia de trabalho, na comunicação, no estabelecimento de metas e na apresentação dos resultados é um fator primordial na qualidade de serviço. Conseguindo-se comunicar os diversos saberes da equipe com clareza e organização, cria-se uma prática articulada entre os membros, que então serão capazes de agir de maneira complementar dentro dos domínios de cada profissional em prol da evolução clínica do paciente.

Comumente, em atendimentos de saúde, os pais apenas deixam seus filhos sob cuidados do profissional sem ter ideia do que está sendo trabalhado e sem clareza sobre o tipo de benefício que pode ocorrer. Este desconhecimento gera expectativas irrealistas, transferência de responsabilidade familiar para os profissionais e alienação sobre o que é bom ou não para o paciente. Tratamentos de boa qualidade que não são transparentes podem ser encerrados precocemente pela falta de visibilidade dos seus resultados, assim como a falta de clareza pode esconder atendimentos de baixa qualidade, prolongando inadequadamente algo que não gera benefício ao paciente.

Ideais organizadas aumentam a eficiência de qualquer trabalho. Um ambiente criativo com muitas ideias definitivamente é melhor que um ambiente estéril, burocrático e sem inovação. A equipe capaz de manter um ambiente fértil de ideias e que, também, consiga organizá-las com planejamentos eficientes, terá um desempenho aprimorado. A capacidade de planejar e realizar metas de curto, médio e longo prazo também espelha a capacidade de organização da equipe.

A busca por resultados deve ser incessante mas adequada à realidade de cada paciente. Especialmente no TEA alguns pacientes apresentam um desenvolvimento inconstante e irregular, o que pode gerar frustração nos profissionais afoitos por resultados concretos e lineares. Mesmo na dificuldade, é inadequado que a falta de constância gere um efeito relativista em relação aos objetivos e resultados. É possível avaliar esse paciente de maneira objetiva e com critérios[1] que profissionais diversos e familiares compreendam.

Pelo conhecimento atual o TEA ainda não tem cura. Entretanto, existem inúmeras técnicas que agem pela promoção da saúde e objetive a melhora na qualidade de vida do paciente, dos familiares e da sociedade que os cerca, através de sua evolução no desenvolvimento global. A tradução de conhecimento científico aos familiares e pacientes é fator de grande valia no tratamento e que pode ser uma importante ferramenta no tratamento.

A identidade de uma equipe de trabalho é um fator motivador e catalisador de parcerias entre seus membros. Nem sempre é possível que a equipe tenha um nome, uma missão ou uma logomarca como uma empresa, mas mesmo de maneira informal, a visão de "time" gera coesão e produtividade.

O paciente

Nosso paciente é uma criança que se encontra numa condição modelo precária de desenvolvimento, que sem as intervenções terapêuticas eficazes terá seu futuro seriamente prejudicado. Ele está inserido num contexto familiar, cultural, econômico, social e religioso que pode favorecer, ou não, seu vir a ser pessoal. Nós profissionais temos a missão de trabalhar ética e seriamente para, ao menos, lhe dar uma

---

[1] Vide capítulo Escalas e Testes

chance de um prognóstico melhor através da aplicação dos conhecimentos técnicos cientificamente comprovados. Assim sendo o paciente e seus responsáveis são o foco central do trabalho. Todas as atuações e parcerias mencionadas visam acima de tudo promover melhora da qualidade de vida do paciente e consequentemente de suas famílias. Por isso a ética com o paciente deve ser sempre o núcleo do trabalho em equipe.

A base do tratamento será a soma do trabalho individual dos diversos profissionais envolvidos e a melhora clínica do paciente depende do conhecimento e da habilidade desses profissionais de trabalhar em equipe e com a família (Bosa, 2006). Fora desse modelo, dificilmente as metas serão atingidas, pois a estimulação de uma área do desenvolvimento afeta diretamente o desenvolvimento da outra e intervenções promovidas por um profissional podem ser facilitadoras para o trabalho de outros, em outras áreas. A conduta do profissional que tem como objetivo somente a exaltação egoica de sua competência profissional gerará conflitos com os colegas da equipe, o que prejudicará o trabalho.

A parceria dos profissionais entre si, com os pais e responsáveis, cuidadores e escola são primordiais pois aumentam as chances de sucesso da inserção social, afetiva e profissional do paciente.

Os profissionais

O profissional é responsável por ajudar a família a compreender, a aceitar e se engajar no processo terapêutico. Parte de sua função também é estabelecer uma relação de confiança, ao valorizar os pontos fortes do paciente e da família e mostrar o que precisa ser modificado por eles. O profissional deve equilibrar expectativas realistas e otimistas e cuidar do vínculo com a família.

No atendimento da criança, a família faz parte do processo terapêutico de forma ativa. A sua dinâmica interfere como facilitadora, ou não, de todo processo e prognóstico. Quando a família é comprometida, há maiores chances do tratamento ser bem sucedido e eficaz. Porém, observa-se que, apesar de desejarem muito o sucesso do tratamento, algumas famílias são pouco colaborativas e, às vezes, até, boicotam o tratamento. Existem alguns tipos de boicotes: um deles é quando a família se compromete a fazer o que lhe é pedido/orientado, mas não faz; outro é quando os pais negam o diagnóstico e passam a criar obstáculos, como faltas em excesso às sessões, mas continuam com o tratamento com o profissional. Os boicotes são sempre acompanhados de um ganho secundário como, por exemplo, não se engajar no processo terapêutico e responsabilizar o profissional/a técnica aplicada, eximindo-se, então, da responsabilidade dos resultados.

O profissional deve avaliar se algum membro da família possui fenótipo ampliado do autismo (FAA), Transtornos do Espectro do Autismo ou outros transtornos psiquiátricos mais graves. Se perceber que esta é uma possibilidade o profissional deverá alterar a forma de realizar a comunicação. De forma geral, deverá buscar ser mais claro e objetivo, utilizando uma linguagem "mais" literal. Se as dificuldades forem em relação à socialização deve-se pensar em outras formas de ajudar a criança a socializar, além das que necessitem da intervenção dos pais.

Um fator muito importante é a presença de harmonia familiar onde mãe e pai se posicionam como aliados entre si e trabalham com o objetivo comum da melhora clínica da criança. Interessante que nesses casos mesmo com a presença de algum transtorno psíquico o resultado é mais favorável.

A atenção e o cuidado que o profissional investe no paciente favorece a colaboração dos familiares, assim como de outros agentes envolvidos no processo terapêutico. Tal questão repercutirá em um cenário positivo para o desenvolvimento do paciente.

A equipe

Equipe é muito mais que um conceito e/ou uma dinâmica de trabalho. É a forma de trabalhar onde o potencial de cada membro pode atingir seu máximo em prol de um objetivo comum, na medida em que o trabalho ocorre em conjunto com os outros membros.

Cada profissional chega à equipe com seu domínio e especificidade de saber e com o tempo vai encontrando e ocupando "seu" lugar profissional, ético, pessoal, fazendo alianças com colegas etc, onde a postura de cada um depende de sua maturidade. Os papéis e funções de cada membro devem ficar claros para ele e para todos. Toda a equipe, inclusive o coordenador, participa dessa "acomodação" fornecendo o feedback adequado.

É imprescindível que as pessoas disponibilizem tempo suficiente para o trabalho em equipe, com investimento similar entre os membros, respondendo às demandas que surgem. Assim sendo o reconhecimento técnico e pessoal pelos colegas vai progressivamente se concretizando. O trabalho deve ser pautado em evidências científicas, sendo imprescindível a constante atualização do conhecimento técnico científico de cada participante.

A definição de metas terapêuticas de curto e médio prazo deve ser uma prática constante no planejamento terapêutico e estas devem ser partilhadas entre todos os participantes do processo (profissionais da saúde e da escola, a família e responsáveis e o paciente, quando for o caso). O acompanhamento da execução dessas metas (individualizadas) deverá ficar a cargo do profissional que gerencia o "caso" específico.

A dinâmica funcional da Equipe

Cada grupo possui uma dinâmica que lhe é característica e em uma equipe não seria diferente. Apesar de congruente quanto ao objetivo, os indivíduos assumem papéis diferentes, como por exemplo: o líder, o contraponto, o facilitador, o porta-voz, o introspectivo etc.

Há dois tipos de Equipes: 1) onde a participação é obrigatória e, 2) aquela que a participação é espontânea – cada qual com sua dinâmica específica. A primeira geralmente já existe antes do profissional entrar, usualmente muito pouco flexível em sua dinâmica interprofissional, enquanto a outra é construída gradativamente pelos integrantes, portanto mutável em seu processo evolutivo.

O primeiro estágio na formação de uma Equipe é o agrupamento de profissionais. Passado esse momento, as pessoas vão se conhecendo melhor e, naturalmente, cada um vai assumindo determinada função na Equipe, emergindo uma estruturação.

Para haver sintonia no trabalho, é necessário que haja respeito entre os membros (ética), coerência teórica e complementariedade das áreas de atuação (a interdisciplinaridade). O bem-estar do profissional ocorre onde há segurança pessoal frente à equipe, onde cada um sente-se apoiado e oferece suporte ao/s outro/s.

Deve haver um coordenador geral/líder (não é o mesmo que chefe) que pode não ser, necessariamente, o mais experiente. Sua função é aglutinar e estimular os membros da Equipe a um objetivo comum – o crescimento técnico e pessoal de cada membro, administrando as diferenças e evitando que conflitos atinjam um nível de destrutividade "em prol" da eficácia terapêutica (SCHINDEL et al., 2014). Deve também existir espaço para membros assumirem papéis de coordenador de um paciente específico (aquele que "gerencia o "caso" – processo terapêutico individual) e/ou momentos terapêuticos pontuais, como por exemplo em situações de urgência, com definição de metas etc.

Uma forma de evitar a senilização da Equipe é através da renovação de pessoas. Deve-se ressaltar ainda que o processo de idealização da Equipe Perfeita é uma armadilha.

Comunicação

Uma comunicação eficaz entre os familiares, os profissionais de saúde e de educação envolvidos no processo terapêutico de uma pessoa com TEA é um dos pré-requisitos para o funcionamento adequado de uma equipe. A comunicação em equipe no tratamento do TEA consiste na troca de informações sobre o tratamento entre dois ou mais membros da rede de envolvidos com a criança, sejam eles profissionais de saúde ou de educação, entre si e com os familiares. Sendo assim, trata-se de um processo bidirecional, no qual alterna o sujeito "falante" e o "ouvinte".

Apesar da importância do estabelecimento de "interações produtivas" nas equipes de tratamento, bem como entre a equipe e a família, tal comunicação pode muitas vezes apresentar problemas, com as informações sendo passadas de forma inconsistente entre os profissionais (muitas vezes através dos pais) e nenhum dos envolvidos tendo uma compreensão integral do tratamento. Quando o contato ocorre de forma ineficaz entre os participantes do processo, isto pode resultar em intervenções fragmentadas e inadequadas.

Quanto mais pessoas envolvidas no tratamento, mais difícil é a concretização de uma comunicação efetiva. Geralmente é muito mais fácil estabelecer um diálogo com uma só pessoa do que com um grupo. No entanto, levando em consideração que o tratamento do TEA traz consigo demandas variadas, a presença de um grande número de membros na equipe de tratamento é uma constante, o que impõe o desafio da promoção de diálogo em toda a rede envolvida no tratamento. Outros fatores dificultadores da comunicação são observados quando há certa hesitação em fazer contato com colegas com embasamento teórico ou tipo de abordagem diferente, ou quando algum dos membros das famílias possuem fenótipo ampliado do autismo (FAA) (PRYWELLER *et al.*, 2014), ou mesmo quando estes também possuem TEA.

Por outro lado, uma abordagem colaborativa, em que os profissionais e famílias trabalham em conjunto (LANGE *et al.*, 2015), permite um melhor mapeamento dos problemas, definição de prioridades, estabelecimento de metas, criação de planos de tratamento e resolução de problemas ao longo do processo. Além disso, a comunicação em equipe permite a troca de experiências profissionais, gerando um progressivo ganho de conhecimento, bem como uma maior coerência teórica.

Muitas vezes, há uma mudança no curso da intervenção de toda a equipe, num determinado caso, diante de informações trazidas por um dos profissionais, ou comunicada por um dos cuidadores. Sendo assim, a comunicação tem o poder de redirecionar a ação dos membros da equipe.

As habilidades de comunicação e ética são cruciais para a cooperação na equipe e com a família. Observa-se com frequência um aumento da credibilidade e confiança depositada em profissionais que dialogam com suas equipes de tratamento, visando o constante aperfeiçoamento das intervenções realizadas.

Outro aspecto que resulta da comunicação é o aumento da capacidade dos pais de participarem ativamente do tratamento. Tal atitude parental colaborativa influencia diretamente na realização dos objetivos clínicos. O trabalho em equipe deve se pautar na presença de metas compartilhadas em relação ao desenvolvimento da criança, sendo este o objetivo clínico fundamental da comunicação entre os profissionais e a família.

Alianças e conflitos

Como já apresentado anteriormente, uma equipe interdisciplinar advém da reunião de profissionais de várias áreas do conhecimento, para propor, discutir e trabalhar pontos em comuns do tratamento do paciente. Confiança, lealdade e ética são características fundamentais e essenciais para o sucesso da equipe, contudo, isso só se torna possível se houver maturidade (IMITOLA *et al.*, 2014) e profissionalismo por parte dos seus membros, uma vez que existirão momentos em que críticas existirão em relação às propostas de tratamento. Torna-se, então, imprescindível uma separação das questões pessoais e profissionais, visando o desenvolvimento e o bem-estar do paciente.

O assunto, alianças e conflitos, perpassa todas dimensões do trabalho seja na relação dos profissionais da equipe com a dinâmica da própria equipe, da equipe com os pais/responsáveis, da equipe com a escola, da equipe com outras instituições envolvidas etc. E quanto mais envolvimento de pessoas e diferentes saberes mais complexo é o processo.

A educação da criança com TEA envolve uma intervenção educacional própria, necessidades específicas de aprendizagem e uma ação terapêutica de apoio. Isto permitirá que essas crianças desenvolvam cada vez mais seus potenciais. Embora a criança com TEA apresente limitações, ela pode conquistar uma integração social e cognitiva efetiva. A escola deve ser orientada e motivada a colaborar e participar dos programas desenvolvidos com a criança promovendo, desta forma, uma interação maior entre todos.

A escola representa uma fatia significativa e importante no desenvolvimento infantil, abarcando experiências que não são vivenciadas em outros ambientes, sendo, portanto, um local extremamente rico de possibilidades de intervenção. Assim sendo, para alcançar os resultados almejados pela equipe, é indispensável a participação e a colaboração dos profissionais da escola, que estão envolvidos com a criança.

Tendo a escola como parceira e colaboradora, os profissionais da equipe têm a possibilidade de compreender melhor os pontos a serem trabalhados e direcionar mais precisamente seu foco de intervenção. Desta maneira, podem fornecer orientações específicas para cada dificuldade apresentada, e com a ajuda do professor, monitor, ou coordenador pedagógico, acompanhar o desempenho social, comunicativo e comportamental da criança.

Por outro lado, se a escola se esquiva às orientações dos profissionais, o avanço do trabalho certamente se torna mais difícil. Muitas escolas desacreditam da eficácia das intervenções ou não se sentem a vontade para expor o trabalho realizado.

Em alguns momentos a insegurança em relação aos questionamentos levantados pelos membros da equipe coloca os profissionais da escola na defensiva, omitindo informações relevantes e necessárias à intervenção. Nessas situações, é fundamental que esse impasse seja tratado com paciência e habilidade, buscando reverter esse processo e garantindo a manutenção dessa valiosa parceria. Caso isso não seja possível, a situação deverá ser discutida em equipe e comunicada à família em busca de outro tipo de solução.

Não existe agrupamento e muito menos equipe de trabalho sem a formação de alianças entre as pessoas, sendo a ajuda mútua seu instrumento mais saudável.

Do ponto de vista técnico a prática de discussão de casos entre membros da equipe, fora da reunião formal, aumenta e consolida a segurança individual e profissional. Muitas vezes a afinidade entre as pessoas evolui para amizade pessoal, que fortalece a dinâmica do trabalho. Apesar disso é imprescindível a manutenção da fidelidade com a Equipe.

Como toda criança depende de terceiros para seu tratamento é imprescindível que alianças terapêuticas sejam construídas, fortalecidas e mantidas com as famílias, responsáveis e cuidadores, além dos profissionais das escolas.

Conflitos são inevitáveis. Alguns fatores os aumentam, como a imaturidade psíquica pessoal dos profissionais, vaidade, intenção de comando em relação aos pares sem ser reconhecido, um membro com discrepante menor capacidade profissional em relação ao grupo, conflito teórico-prático e ético dos profissionais, um coordenador que não exerce liderança no cumprimento dos objetivos teórico-práticos e éticos da equipe, subequipes autônomas dentro da equipe com priorização das alianças individuais em detrimento da equipe, sobrecarga de trabalho por alguns membros; por profissionais mantêm, e mesmo alimentam, comunicações desarmônicas (intrigas) oriundas das famílias ou de profissionais; quando o tratamento não gera o efeito esperado, o comportamento de monopolizar o processo terapêutico, reuniões inesperadas, incompatibilidade nos horários de trabalho e grande deslocamento geográfico que criam conflitos na percepção da utilização do tempo.

Por outro lado, entre os fatores que reduzem os conflitos, identificamos a prática da interdisciplinaridade, realização profissional e desvinculação financeira e administrativa, alianças intermembros por afinidade ou segurança, respeito e ética no trabalho (Tordjman *et al.*, 2014), reuniões constantes e pré-agendadas, que não gerem sobrecarga de tempo no trabalho, o uso de tecnologias (e-mail, mensagens e videoconferência) possibilita o melhor aproveitamento do tempo e que os novos membros tenham perspectivas de crescimento profissional e pessoal.

Conclui-se, portanto, que quanto mais coesa e harmônica forem as alianças dos membros da equipe entre si, em relação aos familiares e à escola, melhores serão as chances de sucesso terapêutico em alcançar os resultados almejados. Por outro lado, essa coesão também gera maior resolutividade em lidar com os conflitos.

Considerações Finais

Como pode ser constatado, esse tema é extremamente amplo, devendo ser pauta de discussão de todo grupo de profissionais que pretendem trabalhar juntos no formato de uma equipe no modelo de participação espontânea. A pobreza desse tema na literatura nacional e internacional mostra sua complexidade.

Referências

Imitola, J., Walleigh, D., Anderson, C. E., Jethva, R., Carvalho, K. S., Legido, A., & Khurana, D. S. (2014). Fraternal twins with autism, severe cognitive deficit, and epilepsy: diagnostic role of chromosomal microarray analysis. *Semin Pediatr Neurol, 21*(2), 167-171. doi: 10.1016/j.spen.2014.04.027

S1071-9091(14)00046-1 [pii]

Lange, N., Travers, B. G., Bigler, E. D., Prigge, M. B., Froehlich, A. L., Nielsen, J. A., . . . Lainhart, J. E. (2015). Longitudinal volumetric brain changes in autism spectrum disorder ages 6-35 years. *Autism Res, 8*(1), 82-93. doi: 10.1002/aur.1427

Pryweller, J. R., Schauder, K. B., Anderson, A. W., Heacock, J. L., Foss-Feig, J. H., Newsom, C. R., . . . Cascio, C. J. (2014). White matter correlates of sensory processing in autism spectrum disorders. *Neuroimage Clin, 6*, 379-387. doi: 10.1016/j.nicl.2014.09.018

S2213-1582(14)00154-5 [pii]

Schindel, R. H., Chahine, A., Anderson, N., Banville, M., Eaton-Bove, J., & Weidenbaum, N. (2014). Behavior modification of children with autism spectrum disorder in an orthodontic setting. *J Clin Orthod, 48*(5), 285-291.

Tordjman, S., Anderson, G. M., Kermarrec, S., Bonnot, O., Geoffray, M. M., Brailly-Tabard, S., . . . Touitou, Y. (2014). Altered circadian patterns of salivary cortisol in low-functioning children and adolescents with autism. *Psychoneuroendocrinology, 50*, 227-245. doi: 10.1016/j.psyneuen.2014.08.010

S0306-4530(14)00316-3 [pii]

Escalas e Testes

Flávia Neves Almeida
Psicóloga

Lídia Lima Prata Cruz
Psicóloga

Maria Isabel S. Pinheiro
Psicóloga

Walter Camargos Jr
Médico Psiquiatra da Infância

Manual Diagnóstico e Estatístico de Transtornos Mentais - DSM-V (APA, 2014)

Walter Camargos Jr
Psiquiatra da Infância

Esse instrumento é "autoexplicativo" e de fácil entendimento, se o executor estiver a par dos conceitos apresentados. É uma escala diagnóstica.

Há necessidade que o paciente apresente todos os itens do grupo "A", ao menos dois do grupo "B", e também itens nos demais grupos, "C", "D" e "E". Deve-se especificar as comorbidades. O Déficit Intelectual deve ser aventado nos pacientes que apresentem comunicação com fins sociais abaixo do esperado para o nível geral do desenvolvimento.

Os níveis de gravidade suprem importante lacuna não existente nas versões anteriores deste instrumento.

Os profissionais devem ler/usar esse instrumento, mas é imprescindível o contínuo e profundo estudo do tema, disponível na literatura.

Critérios Diagnósticos para 299.00 Transtorno do Espectro do Autismo

A. Déficits persistentes na comunicação social e na interação social em múltiplos contextos manifestado como se segue, atualmente ou por história prévia:

1. Déficits na reciprocidade socioemocional, variando, por exemplo, de abordagem social anormal e dificuldade para estabelecer uma conversa normal, a compartilhamento reduzido de interesses, emoções ou afeto, e dificuldade para iniciar ou responder a interações sociais.
2. Déficits de comportamentos comunicativos não verbais usados para a interação social, variando por exemplo, de comunicação verbal e não verbal pouco integrada à anormalidade total no contato visual e linguagem corporal ou déficits na compreensão e uso de gestos, a ausência total de expressões faciais e comunicação não verbal.
3. Déficits para desenvolver, manter e compreender relacionamentos variando, por exemplo, a dificuldade em ajustar o comportamento para se adequar a contextos sociais diversos a dificuldades em partilhar imaginativas ou em fazer amigos, a ausência de interesse em pares.

Especifique gravidade atual.

B. Padrões restritos e repetitivos de comportamento, interesses e atividades, conforme manifestado por pelo menos dois dos seguintes itens, atualmente ou por história prévia:

1. Movimentos corporais, uso de objetos ou fala estereotipados ou repetitivos (por exemplo, estereotipias motoras simples, alinhar brinquedos ou girar objetos, ecolalia, frases idiossincráticas).
2. Insistência nas mesmas coisas, adesão inflexível a rotinas e padrões ritualizados de comportamento verbal ou não verbal (por exemplo, sofrimento extremo em relação a pequenas mudanças, dificuldades com transições, padrões rígidos de pensamento, rituais de saudação, necessidade de fazer o mesmo caminho ou ingerir os mesmos alimentos diariamente).
3. Interesses fixos e altamente restritos que são anormais em intensidade ou foco (por exemplo, forte apego a, preocupação incomum com objetos, interesses excessivamente circunscritos ou perseverativos).
4. Hiper ou hiporreatividade a estímulos sensoriais ou interesse incomum por aspectos sensoriais do ambiente (por exemplo: aparente indiferença à dor/temperatura, resposta adversa a sons específicos ou texturas específicas, cheirar ou tocar objetos de forma excessiva, fascinação visual por luzes ou movimento).

Especifique gravidade atual.

C. Os sintomas devem estar presentes no período do desenvolvimento (mas podem não se tornar plenamente manifestos até que as demandas sociais excedam as capacidades limitadas ou possam ser mascarados por estratégias aprendidas mais tarde na vida).

D. Os sintomas causam prejuízo clinicamente significativo no funcionamento social, profissional ou em outras áreas importantes da vida do indivíduo no presente.

E. Estes distúrbios não são melhor explicados por deficiência intelectual (transtorno do desenvolvimento intelectual) ou outro atraso global do desenvolvimento. Deficiência intelectual e transtorno do espectro do autismo costumam ser comórbidos; para fazer o diagnóstico da comorbidade de transtorno do espectro do autismo e deficiência intelectual, a comunicação social deve estar abaixo do esperado para o nível geral do desenvolvimento.

Nota: Os indivíduos com um diagnóstico DSM-IV de Transtorno Autista, Transtorno de Asperger ou Transtorno Global do Desenvolvimento sem outra especificação devem receber o diagnóstico de Transtorno do Espectro do Autismo. Indivíduos com déficits acentuados na comunicação social, cujos sintomas, porém, não atendam, de outra forma, critérios para transtorno do espectro do autismo, devem ser avaliados para o Transtorno de Comunicação Social (pragmática).

Especificar comorbidades: com ou sem deficiência intelectual; com ou sem comprometimento de linguagem; associado a uma condição médica ou genética conhecida ou fator ambiental; associado a outro distúrbio neurológico, mental ou comportamental; com catatonia.

Os níveis de gravidade são três e avaliam as dimensões de Comunicação Social e de Comportamentos restritos e repetitivos:

Nível 3: "Exigindo apoio muito substancial"

Comunicação Social: déficits graves nas habilidades de comunicação social verbal e não verbal causam prejuízos graves de funcionamento, grande limitação em dar início a interações sociais que partem dos outros.

Comportamentos restritos e repetitivos: inflexibilidade de comportamento, extrema dificuldade em lidar com a mudança ou outros comportamentos restritos/repetitivos interferem acentuadamente no funcionamento em todas as áreas. Grande sofrimento/dificuldade para mudar o foco ou as ações.

Nível 2: "Exigindo apoio substancial"

Comunicação Social: déficits graves nas habilidades de comunicação social verbal e não verbal; prejuízos sociais aparentes mesmo na presença de apoio; limitação em dar início a interações sociais e resposta reduzida ou anormal a aberturas sociais que parte dos outros.

Comportamentos restritos e repetitivos: Inflexibilidade do comportamento, dificuldade em lidar com a mudança ou outros comportamentos restritos/repetitivos aparecem com frequência suficiente para serem óbvios ao observador casual e interferem no funcionamento em uma variedade de contextos. Sofrimento e/ou dificuldade para mudar o foco ou as ações.

Nível 1: "Exigindo apoio"

Comunicação Social: na ausência de apoio, os déficits na comunicação social causam prejuízos notáveis. Dificuldade para iniciar interações sociais e exemplos claros de resposta atípicas ou sem sucesso a aberturas sociais dos outros. Pode parecer apresentar interesse reduzido por interações sociais.

Comportamentos restritos e repetitivos: a inflexibilidade do comportamento causa interferência significativa no funcionamento em um ou mais contextos. Dificuldade em trocar de atividade. Problemas para organização e planejamento são obstáculos à independência.

Childhood Autism Rating Scale - CARS
(Pereira, Riesgo, & Wagner, 2008)

Walter Camargos Jr
Psiquiatra da Infância

É uma escala diagnóstica, utilizada em vários países do planeta, composta de 14 domínios mais um item sobre a impressão pessoal do entrevistador da presença clínica de autismo. Demonstra segurança na distinção do transtorno autista com outros atrasos do desenvolvimento. Seu ineditismo consistiu, até o surgimento do DSM-V, na mensuração da gravidade dos quadros leve, moderado e grave onde o ponto de corte é até 30, até 36,5 e a partir de 37. Os escores de cada domínio variam de 1 (dentro dos limites da normalidade) a 4 (sintomas autistas graves).

Os itens são: relações pessoais, imitação, resposta emocional, uso corporal, uso de objetos, resposta a mudanças, resposta visual, resposta auditiva, resposta e uso do paladar, olfato e tato, medo ou nervosismo, comunicação verbal, comunicação não verbal, nível de atividade, nível e consistência da resposta intelectual e impressões gerais.

É uma escala mais longa que o DSM-V já que é mais detalhista. É indicada para os quadros onde ocorre prejuízos no desenvolvimento mais evidentes. É uma das primeiras, pareada com o M-CHAT, a serem negativadas, quando a criança afetada pelo Autismo Infantil alcança os principais marcos do desenvolvimento no processo de melhoria clínica.

Modified Checklist for Autism in Toddlers (M-CHAT) (Robins, Fein, Barton, & Green, 2001)

Walter Camargos Jr
Psiquiatra da Infância

É derivado do CHAT (Baron-Cohen, Allen, & Gillberg, 1992) que tem uma parte que é aplicado pelo examinador e portanto depende de mais tempo de consulta e de maior domínio do assunto. O M-CHAT (Robins *et al.*, 2001) é específico para triagem dos quadros mais graves, que têm comorbidade com Retardo Mental – Autismo Infantil de Baixo Funcionamento. Esse instrumento foi traduzido para o português sendo utilizado a técnica de adaptação transcultural (Losapio & Pondé, 2008)

A escala é utilizada em outros países (AAP) para uso em crianças de 18 e 24 meses de idade e tem por finalidade avaliar a possibilidade/risco que a criança tem de ser afetada pelo Transtorno do Espectro do Autismo (TEA), não sendo, portanto, uma escala diagnóstica. Como se pode verificar ela é uma escala que avalia marcos do desenvolvimento e algumas questões típicas do autismo, donde se conclui que no decorrer do processo de melhora clínica (com melhoras do desenvolvimento) a criança pode sair do ponto de corte que a positivava anteriormente na suspeita de TEA.

Possui 23 itens para respostas de Sim ou Não, onde há seis que são mais importantes (itens 2; 7; 9; 13; 14 e 15). O ponto de corte são três respostas Sim para o questionário todo ou duas para as de maior relevância.

Ela foi criada para triagem, o que significa que é respondida por pais/responsáveis/cuidadores, sem a presença de qualquer técnico, e isso gera muitos prejuízos nas respostas. Porém, quando as respostas são revistas por um profissional durante a avaliação clínica, com a criança presente, a escala se torna de enorme confiabilidade. A prática com escalas como o M-CHAT demonstra que muitas vezes os pais se confundem, não entendem as perguntas, algumas vezes mentem, sendo necessário não somente esclarecer o significado da pergunta como às vezes conferir qual é a resposta real.

Tal realidade é ainda mais provável, considerando a significativa possibilidade desses pais terem características clínicas do Espectro do Autismo ou do Fenótipo Ampliado do Autismo (CRUZ, 2013) e consequentemente dificuldades de metarrepresentação. Então outra possibilidade é que o profissional faça as perguntas e pontue ele mesmo, mas para isso o técnico deve ser treinado, assim como ter um bom conhecimento na área do autismo. O motivo é que a interpretação da pergunta gera uma enorme variação de entendimentos.

Sobre a sensibilidade do instrumento, Robins (ROBINS et al., 2001) encontrou sensibilidade de 87%, e especificidade de 99%, similar ao trabalho em países árabes (SEIF et al., 2008) (sensibilidade 86% e especificidade 80%). Eaves (EAVES, WINGERT, & HO, 2006) buscou informações sobre as características do M-CHAT nos seis itens críticos encontrando sensibilidade de 77% mas especificidade de 43% a partir das respostas dos pais, que é similar ao achado por Snow (SNOW & LECAVALIER, 2008).

A baixa especificidade, que é o ponto crítico do M-CHAT, pode ser contornada com as perguntas feitas pelo entrevistador e conferidas clinicamente ao invés da forma padrão de resposta dos informantes já que é sabido que o uso de algum tipo de entrevista gera maior especificidade ao instrumento (KUBAN et al., 2009).

Um dos aspectos positivo é que M-CHAT também apresenta boa estabilidade diagnóstica aos 24 meses (KLEINMAN et al., 2008; YIRMIYA & OZONOFF, 2007)

Seguem as explicações sobre os objetivos específicos de cada questão.

1. Seu filho gosta de se balançar, de pular no seu joelho etc.?

O objetivo é: a criança prefere "brincadeiras" com pessoas ou com objetos?

Pergunta complementar: se ela estiver brincando no chão com algum objeto e você interferir e pegá-la no colo para brincar, ela vai aceitar e demonstrar prazer?

2. Seu filho tem interesse por outras crianças?

O objetivo é: saber se algum prenúncio de interesse em interagir. O que "vale" são crianças de mesma idade (pares) e desconhecidas.

Pergunta complementar: em ambientes diversos ela olha para as crianças? Se aproxima fisicamente delas, por inciativa própria? Tenta brincar com elas? Importante ressaltar que aqui o foco é a outra criança, não é algum objeto que a criança esteja em sua posse.

3. Seu filho gosta de subir em coisas, como escadas ou móveis?

O objetivo é: a criança é inquieta?

4. Seu filho gosta de brincar de esconder e mostrar o rosto ou de esconde-esconde?

O objetivo é: qual grau de representação mental ele atingiu?
Pergunta complementar: ele se esconde em lugares variados?

5. Seu filho já brincou de faz de conta, como, por exemplo, fazer de conta que está falando no telefone ou que está cuidando da boneca, ou qualquer outra brincadeira de faz de conta?

O objetivo é: capacidade simbólica

Orientação: não raramente tem que explicar o que é o conceito de brincar de faz de conta.

6. Seu filho já usou o dedo indicador dele para apontar, para pedir alguma coisa?

O objetivo é: avaliar a qualidade da comunicação não verbal utilizando o apontar.

Essa questão está num nível menos elaborado que a próxima.

Orientação: tem que enfatizar que só "vale" quando ele aponta usando o dedo da criança, que não "vale" levantar a mão do adulto, não "vale" ficar só resmungando, ou mesmo levantar a mão inteira.

7. Seu filho já usou o dedo indicador dele para apontar, para indicar interesse em algo?

O objetivo é: consegue partilhar interesses não concretos.

Essa questão está num nível menos elaborado que a 9ª questão.

Orientação: essa questão é comumente confundida com a anterior e deve ser refeita até que seja entendida corretamente.

8. Seu filho consegue brincar de forma correta com brinquedos pequenos (ex. carros ou blocos), sem apenas colocar na boca, remexer no brinquedo ou deixar o brinquedo cair?

O objetivo é: consegue usar os brinquedos em sua função? Já alcançou o nível de abstração/representação mental para tal?

Orientação: aqui só "vale" brinquedos/objetos que tenham a finalidade de brincar, dentro do padrão da idade, e não são considerados como tal as brincadeiras motoras como escorregador, pula-pula, brincar de letras/números, cantar etc.

9. O seu filho alguma vez trouxe objetos para você (pais) para lhe mostrar este objeto?

O objetivo é: consegue partilhar interesses de forma mais elaborada que a pesquisada no item 7.

Orientação: explique que a criança só quer te mostrar, ela não quer que você faça nada com o objeto. As vezes ele deixa o objeto com você e vai embora e as vezes ele não quer nada exceto te mostrar/partilhar com você um interesse.

10. O seu filho olha para você no olho por mais de um segundo ou dois?

O objetivo é: qual a frequência do olhar para os olhos do entrevistador, que é um desconhecido para a criança.

11. O seu filho já pareceu muito sensível ao barulho (ex. tapando os ouvidos)?

O objetivo é: avaliar a hipersensibilidade auditiva da criança.
Pergunta complementar: barulho que não te incomoda, incomoda ela? Ela demonstra incômodo/insatisfação quando é ligado o liquidificador, aspirador de pó, secador de cabelo etc?

12. O seu filho sorri em resposta ao seu rosto ou ao seu sorriso?

O objetivo é: a criança sabe o significado de um sorriso? Ela reconhece que o sorriso que você lhe endereça tem origem na emoção?
Orientação: faça você o teste.

13. O seu filho imita você? (ex. você faz expressões/caretas e seu filho imita?)

O objetivo é: consegue se identificar com um igual, ser humano, para imitar/fazer a mesma coisa.
Orientação: o que é esperado é a imitação de pessoas e não se deve considerar o imitar imagens/personagens de vídeos, etc.

14. O seu filho responde quando você o chama pelo nome?

O objetivo é: já se reconhece pelo som do nome?
Pergunta complementar: atente para as diversas táticas que são usadas para obter sucesso: mudança do tom da voz, gestos

complementares, entrar no campo de visão da criança diretamente ou, quando está no colo, mudando seu posicionamento para facilitar o olhar da criança. Ela nunca olha ou às vezes olha? De cada cinco chamadas, ela olha três?

15. Se você aponta um brinquedo do outro lado do cômodo, o seu filho olha para ele?

O objetivo é: testar a atenção compartilhada facilitada pela via gestual.

Orientação: faça você o teste.

16. Seu filho já sabe andar?

O objetivo é: se ele deambula. O motivo é que sua ausência prejudica em cascata diversas áreas de desenvolvimento que são pesquisadas aqui.

17. O seu filho olha para coisas que você está olhando?

O objetivo é: testar a atenção compartilhada utilizando recursos mais sutis, o olhar.

Orientação: faça você o teste.

18. O seu filho faz movimentos estranhos com os dedos perto do rosto dele?

O objetivo é: avaliar a presença de estereotipias de membros superiores que são as mais comuns (*flapping*).

Pergunta complementar: ele faz movimentos de braços e mãos que não tem finalidade aparente?

Faça você os movimentos para eles entenderem.

19. O seu filho tenta atrair a sua atenção para a atividade dele?

O objetivo é: avaliar se ele busca seu olhar para ele.

Pergunta complementar: faz gracinhas/gestos para você olhar para ele, e confere se você está olhando?

20. Você alguma vez já se perguntou se seu filho é surdo?

O objetivo é: avaliar se a criança apresenta um isolamento autista não respondendo aos estímulos auditivos esperados como responder ao nome, responder a comandos, etc.

Pergunta complementar: você já teve essa dúvida alguma vez? Quando toca aquela música que ela gosta ela reage que a ouviu e busca onde está tocando?

21. O seu filho entende o que as pessoas dizem?

O objetivo é: avaliar o grau de compreensão da comunicação verbal via capacidade de representação mental/abstração.

Pergunta complementar: ele entende ordens não usuais, mas apropriadas para sua idade? Ela entende ordens sem o auxílio de gestos? Ela entende comandos a serem exercidos em outros ambientes (fora do âmbito visual concreto)?

22. O seu filho às vezes fica aéreo, "olhando para o nada" ou caminhando sem direção definida?

O objetivo é: avaliar a condição de isolamento autista da criança.

Orientação: avalie você mesmo.

23. O seu filho olha para o seu rosto para conferir a sua reação quando vê algo estranho?

O objetivo é: ele busca o olhar dos pais em situações que sinta algum grau maior de desconforto/dificuldade/ansiedade/perigo.

O esperado é a criança olhar para os olhos dos familiares como pedindo um suporte.

Pergunta complementar: Imaginemos uma situação em que você está parada no ponto de ônibus com sua criança e um adulto passe por perto e fale algo para ela. O que ela fará? Como será sua reação?

Autism Diagnostic Observation Schedule - ADOS - Escala de observação para o diagnóstico de autismo- segunda edição

Lídia Lima Prata Cruz
Psicóloga

A escala de observação para o diagnóstico de autismo (Autism Diagnostic Observation Schedule - ADOS) é uma avaliação padronizada e semiestruturada para avaliar indivíduos que apresentam hipótese diagnóstica de TEA – Transtorno do Espectro do Autismo. As áreas avaliadas são: comunicação; interação social; brincadeira simbólica; e comportamentos repetitivos e interesses restritos. Atualmente, é a única escala observacional considerada "padrão ouro" para avaliação de TEA.

A referida escala oferece múltiplas contribuições como: auxiliar no diagnóstico; revelar os sintomas que necessitarão de intervenção e, consequentemente, quais profissionais indicados no tratamento (psicologia, fonoaudiologia e/ou terapia ocupacional); assim como para avaliar a evolução clínica do paciente.

A ADOS 2 (segunda edição) contém 5 módulos de avaliação. Cada módulo oferece atividades designadas para ativar comportamentos que são relevantes para o diagnóstico de autismo em diferentes níveis de desenvolvimento e idade. A escala não deve ser utilizada em indivíduos com prejuízos motores ou sensoriais significativos e os participantes devem deambular de forma independente.

Módulos

A escolha do módulo que deverá ser utilizado na avaliação, baseia-se principalmente pelo nível de desenvolvimento da linguagem expressiva do indivíduo, e secundariamente pela idade cronológica. Para crianças de 0 a 4 anos pode-se escolher os módulos *Todler,* ou módulos, 1, 2 e 3.

- Módulo *Todler*: Utilizado para avaliar crianças pequenas de 12 a 30 meses.
- Módulo1: Utilizado em crianças a partir de 31 meses que ainda não falam ou falam poucas e simples palavras.
- Módulo 2. Pessoas de qualquer idade que falam poucas palavras numa frase ou crianças com menos de 3 anos que são verbalmente fluentes (linguagem verbal igual ou superior à de uma criança típica de 4 anos).
- Módulos 3 e 4. Estes módulos são utilizados em indivíduos verbalmente fluentes. O indivíduo pode cometer alguns erros gramaticais, porém, utiliza a linguagem para relatar fatos vividos por ele em outros momentos. O modulo 3 é mais indicado para crianças e também para adolescentes que ainda brincam de faz de conta com bonecos. O modulo 4 é mais indicado para adolescentes mais velhos e adultos.

O examinador dever escolher o módulo mais indicado para avaliar determinado indivíduo e deixar a sala preparada com os materiais. Porém, é possível trocar de módulo durante a avaliação caso perceba que outro seja mais adequado. As atividades mudam em cada módulo, porém, os princípios gerais permanecem os mesmos. Enquanto os módulos *Todler,* 1 e 2 envolvem muitas brincadeiras, o módulo 3 possui tarefas de brincar e conversar e o 4 envolve mais conversação que atividades.

Os módulos 1, 2 e 3, apresentam pontos de corte para a amostra americana, o que permite à esta população utilizá-los como escala diagnóstica. O módulo *Todler* não apresenta um ponto de corte, mas oferece uma gama de preocupação que vai desde pouca ou nenhuma preocupação, preocupação leve a moderada, preocupação moderada a grave para autismo.

Entre as habilidades avaliadas em uma criança de 0 a 4 anos estão:

- **Interação social**: qualidade e frequência do contato ocular; atenção compartilhada; expressões faciais, resposta ao nome; frequência e qualidade da iniciativa de interação social; frequência e qualidade da resposta social (quando esta é iniciada pelo examinador); harmonia entre comunicação verbal e não verbal.
- **Comunicação**: presença de ecolalias imediatas e tardias; alterações na prosódia, no tom ou no ritmo da voz; utilização de gestos para melhorar a qualidade da comunicação; conversação; habilidade de apontar para compartilhar interesse ou realizar um pedido; relato de casos; oferecimento de informações de forma espontânea sobre experiências cotidianas.
- **Brincadeira**: simbolização no faz de conta; criatividade; brincar com brinquedos de causa e efeito.
- **Comportamentos**: interesses sensoriais atípicos; movimentos com as mãos repetitivos ou incomuns; comportamentos de autoagressão; comportamentos estereotipados; interesses intensos e restritos.

Os materiais utilizados devem ser aqueles selecionados pelos autores, apesar de serem brinquedos comuns, em sua grande maioria. Exemplos: boneca, massinha, brinquedos de causa e efeito (ex: apertar um botão e ligar um som), balão, bolha de sabão, quebra-cabeça, entre outros.

As tarefas oferecidas servem para estruturar a interação entre examinador e examinando. Elas não são o objetivo em si, como em uma avaliação cognitiva, visto que não interessa saber se o examinando consegue ou não montar um quebra-cabeça, porém, quais estratégias ele utiliza para pedir ajuda. O avaliador deve ser um clínico experiente no funcionamento de crianças típicas e de crianças com autismo. Apesar de nenhuma das tarefas terem algum grau de dificuldade é necessário bastante treino do examinador devido às inúmeras informações que deve ser capaz de observar ao mesmo tempo, durante a avaliação. O protocolo deve ser respondido imediatamente após a aplicação da escala.

Conclusão

No Brasil, este instrumento ainda não é validado e não pode ser usado como análise quantitativa para diagnóstico, ou seja, não há como comparar os escores da criança com os pontos de corte. Ainda assim, mesmo que seja utilizado apenas como orientação para observação clínica, o instrumento enriquece bastante o processo diagnóstico por ser o melhor, até o momento, para oferecer informações sobre os comportamentos e sintomas mais relevantes do transtorno.

PERFIL PSICOEDUCACIONAL - 3 edição (PEP-3):
Um instrumento para avaliação e acompanhamento

Maria Isabel S. Pinheiro
Psicóloga/Psicopedagoga

Flávia Neves Almeida
Psicóloga

Considerações iniciais

Comportamentos incomuns e disfuncionais estão presentes de maneira mais grave ou menos grave no perfil de funcionamento dos indivíduos com diagnóstico de Transtornos do Espectro do Autismo (TEA). Essas características, muito contribuem para que os instrumentos mais comuns, que propõem avaliar o desenvolvimento geral ou competências específicas de um indivíduo, não ofereçam resultados, no mesmo padrão de fidedignidade que aqueles oferecidos para as demais pessoas.

O Perfil Psicoeducacional – PEP, compõe o programa TEACCH - *Treatment and Education of Autistic and related Communication handcapped Children*, desenvolvido na Escola de Medicina da Universidade da Carolina do Norte em Chapel Hill. O PEP tem sido utilizado para avaliação, diagnóstico, orientação e acompanhamento de programas de intervenção elaborados para indivíduos autistas e também utilizados com indivíduos que apresentam outros Transtornos do Desenvolvimento - TD (SCHOPLER, LANSING, REICHLER & MARCUS, 2005).

A primeira versão desse instrumento foi realizada em 1979. Devido ao sucesso e a rápida expansão do TEACH nos Estados Unidos e em outros países, em 1990 foi revisado e renomeado para *Perfil Psicoeducacional Revisado* (PEP-R). A versão revisada difere da primeira, por ter adicionado itens para crianças abaixo de 2 anos e 6 meses, incluídos itens de linguagem, seções simplificadas sobre problemas de comportamento e realizado alteração na terminologia de acordo com o Diagnóstico de Saúde Mental – DSM-III-R.

O PEP-R procura responder para além do resultado de **Aprovado** (quando o indivíduo emite e domina o comportamento) ou **Reprovado** (quando o indivíduo não domina e não emite o comportamento). O PEP-R estabelece também importância para o comportamento **Emergente**. O comportamento Emergente refere a um determinado comportamento que pode ser apresentado pelo indivíduo em baixa frequência ou apresentado em topografia comportamental insatisfatória. Dessa forma, quando estimulado, modelado ou reforçado, o comportamento Emergente poderá aumentar de frequência, desenvolver a performance e fazer parte de maneira definitiva do repertório do indivíduo. Os comportamentos Emergentes são comportamentos potencialmente importantes para alavancar um desenvolvimento rápido da criança e proporcionar desempenho cada vez mais próximos do esperado para a faixa etária.

Em 2005 foi lançada a mais nova versão, o *Perfil Psicoeducacional* - (PEP-3). O objetivo do PEP-3 foi realizar correção de alguns problemas psicométricos, torná-lo mais atual e responsivo aos probandos que apresentam características tão peculiares. Os indivíduos com hipótese diagnóstica de TEA foram, por longo período, considerados intestáveis. Essa compreensão se deu ao identificar, em seu repertório de funcionamento, padrões de aprendizagens irregulares e idiossincráticos, comuns no transtorno. Tais dificuldades e competências não permitiam que fossem exigidas respostas verbais, velocidade motora e atenção compartilhada ao responder um instrumento construído para avaliar a população geral. Para escalonar competências e dificuldades desses indivíduos, apenas uma escala que permitisse o critério observacional possibilitaria maior fidedignidade aos resultados.

Os indivíduos com TEA, mesmo aos olhos de profissionais experientes, demandam avaliação cuidadosa, preferencialmente apoiada em protocolos formais, montados a partir de uma hipótese inicial. A utilização desses protocolos constitui, inicialmente, instrumento para avaliação e em seguida, recurso para seguimento dos resultados.

Utilização

Para elaborar o diagnóstico, orientar e acompanhar programas de intervenção de indivíduos com TEA são necessários instrumentos que garantam a avaliação de características tão peculiares. Instrumentos que auxiliem no acompanhamento, são indispensáveis no percurso do atendimento clínico dos indivíduos com transtorno. O PEP-3 é um recurso utilizado também para elaboração de Plano de Desenvolvimento Individual (PDI). Vários itens avaliam habilidades requeridas no ambiente escolar. Informações relacionadas com as competências ou com as dificuldades apresentadas pela criança contribuem para que sejam elaborados programas individuais consistentes. O PEP-3 é normatizado para criança com idade entre 2 anos e 7 anos e 6 meses.

Descrição do PEP-3 e áreas de avaliação

O PEP-3 é um inventário de comportamentos e habilidades que oferece informações a respeito do desenvolvimento e do nível adaptativo do indivíduo. Um kit contendo material de estímulos para observação estruturada do comportamento, contribui para maior organização e maior agilidade no processo de avaliação. No total são 172 itens, distribuídos em 10 áreas de competência.

Para avaliar o desempenho de uma criança utilizando o PEP-3, considera-se as informações colhidas através da realização direta de tarefas e considera-se informações colhidas por observação. O instrumento é composto por 10 subtestes. Seis subtestes avaliam o desenvolvimento da criança e 4 subtestes avaliam comportamentos adaptativos. Além dos 10 subtestes que são realizados com a criança, o cuidador responde 3 questionários complementares.

Os subtestes de desenvolvimento

1. Cognição verbal e pré-verbal
2. Linguagem expressiva
3. Linguagem receptiva
4. Coordenação motora fina
5. Coordenação motora grossa
6. Imitação viso-motora

Subtestes de comportamento adaptativo

1. Expressão de afeto
2. Reciprocidade social
3. Características do comportamento motor
4. Características do comportamento verbal

Questionários para o cuidador

1. Problemas de comportamento
2. Autocuidado
3. Comportamento adaptativo

Além de avaliar, nível de desenvolvimento, nível de comprometimento do diagnóstico e a gravidade dos problemas de comportamento, o questionário tem como objetivo, obter informações sobre o funcionamento da criança em casa, através do relato dos pais.

Duração da avaliação

O tempo necessário para realizar a avaliação é variável. A idade cronológica, o grau de comprometimento, a organização geral da criança, são itens determinantes para estimar o tempo necessário de avaliação. Estima-se em 03 horas o tempo médio para avaliação. Mudanças na sequência de apresentação das tarefas, podem ser necessárias em função dos interesses e motivação da criança.

Apresentação dos resultados e interpretação

Após a avaliação, os dados numéricos obtidos através do PEP-3 são transcritos para uma folha de rosto e apresentados em: Escore Bruto, Idade do Desenvolvimento, Percentil e Nível do Desenvolvimento Adaptativo. A conversão do escore bruto para Idade do Desenvolvimento é baseada em uma amostra com crianças típicas, enquanto a classificação em percentil está baseada em uma amostra de crianças com autismo.

A disposição dos resultados na folha de rosto inicia pela Identificação do Probando, em seguida são apresentados os resultados das observações realizadas no contexto clínico e posteriormente, resultados dos subtestes respondidos pelo cuidador. A avaliação realizada no contexto clínico e os subtestes respondidos pelo cuidador vão gerar resultados distintos para a Idade do Desenvolvimento e Nível do Desenvolvimento Adaptativo. Essas informações vão finalizar com resultados para a Idade do Desenvolvimento em meses para as áreas da Comunicação e área Motora.

O PEP-3 mantém o formato de gráfico para apresentar os resultados da Idade do Desenvolvimento em meses. Considera três níveis de pontuação: aprovado (pontua=2), emergente (pontua=1), reprovado (pontua=0). O formato de gráfico favorece a visualização dos desempenhos nas áreas de CVP (Cognitivo Verbal e Pré-Verbal), EL (Linguagem Expressiva), RL (Linguagem Receptiva), FM (Motor Fino), GM (Motor Grosso), VMI (Imitação Motora), PSC (Autocuidado).

A análise e discussão dos resultados, apresentados de forma clara e contendo sugestões para acompanhamento, compõem o relatório final.

Considerações finais

Estudos internacionais sobre programas de intervenção direcionados para atender os indivíduos com TEA, defendem a importância do uso de instrumentos estruturados no processo de avaliação e durante o acompanhamento dos trabalhos desenvolvidos. Dessa forma a utilização de instrumentos, muitas vezes não adaptados ou validados para a população brasileira, se faz necessária.

O PEP-3 contribui de maneira importante para colher informações que vão apoiar ou confirmar o diagnóstico, nortear programas terapêuticos, acompanhar resultados dos programas em andamento e contribuir para construção de um Plano de Desenvolvimento Individual – PDI (LEON, BOSA, HUGO & HUTZ, 2004). Dessa forma, a avaliação utilizando o PEP-3 pode atender às demandas da família, terapeutas, médicos e da escola.

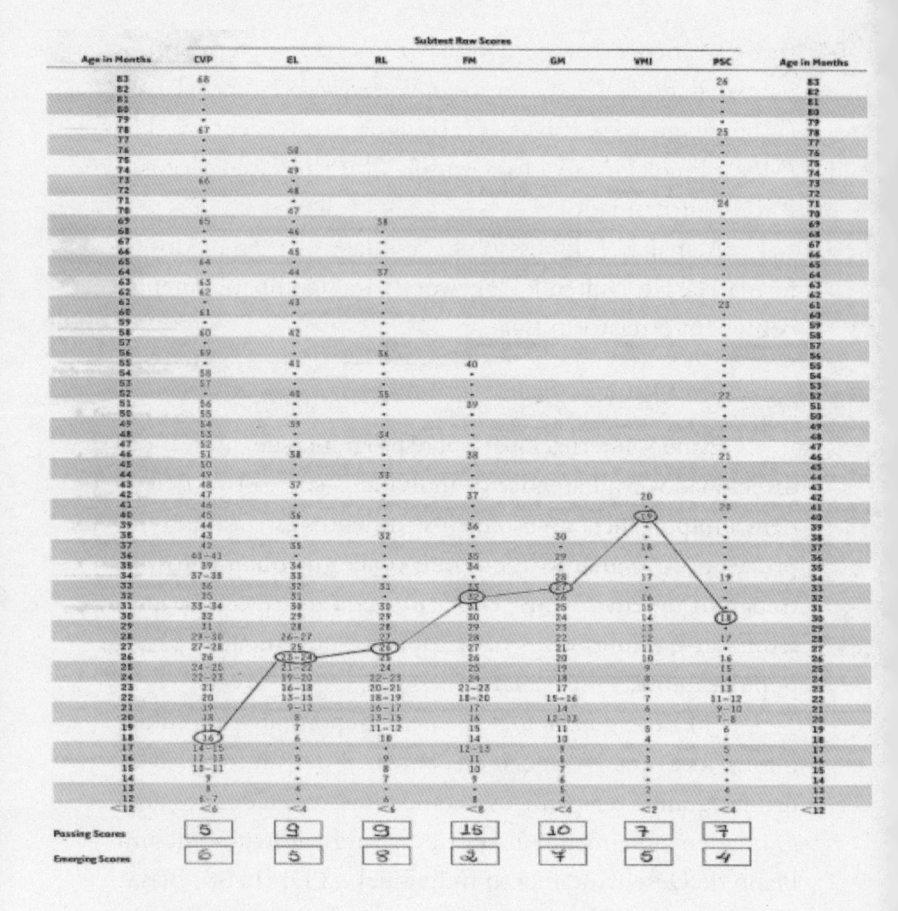

Referências

AAP. Modified Checklist for Autism in Toddlers (M-CHAT). Disponível em: <https://healthychildren.org/English/health-issues/conditions/developmental-disabilities/Pages/How-Doctors-Screen-for-Autism.aspx>.

APA (Ed.). (2014). *Manual Diagnóstico e Estatístico de Transtornos Mentais - DSM-5*. 5. ed. Porto Alegre: Artmed.

Baron-Cohen, S., Allen, J., & Gillberg, C. (1992). Can autism be detected at 18 months? The needle, the haystack, and the CHAT. *Br J Psychiatry, 161*, 839-843.

Candiani, M. Escala Cars para Avaliação Complementar de Autismo. Disponível em: <http://marciocandiani.site.med.br/index.asp?PageName=escala-cars-para-avaliacao-complementar-de-autismo>.

Cruz, LLP. (2013). O Fenótipo Ampliado do Autismo em Pais de Indivíduos Portadores do Transtorno. In Artesã (Ed.), *Síndrome de Asperger e Outros Transtornos do Espectro do Autismo de Alto Funcionamento: da avaliação ao tratamento.* Belo Horizonte.

Eaves, L. C., Wingert, H., & Ho, H. H. (2006). Screening for autism: agreement with diagnosis. *Autism, 10*(3), 229-242. doi: 10/3/229 [pii]10.1177/1362361306063288

Kleinman, J. M., Robins, D. L., Ventola, P. E., Pandey, J., Boorstein, H. C., Esser, E. L., . . . Fein, D. (2008). The modified checklist for autism in toddlers: a follow-up study investigating the early detection of autism spectrum disorders. *J Autism Dev Disord, 38*(5), 827-839. doi: 10.1007/s10803-007-0450-9

Kuban, K. C., O'Shea, T. M., Allred, E. N., Tager-Flusberg, H., Goldstein, D. J., & Leviton, A. (2009). Positive screening on the Modified Checklist for Autism in Toddlers (M-CHAT) in extremely low gestational age newborns. *J Pediatr, 154*(4), 535-540 e531. doi: S0022-3476(08)00881-0 [pii]10.1016/j.jpeds.2008.10.011.

Leon, V. C. e Bosa, C. A.; Hugo, C.: Hutz, C. S. Propriedades psicométricas do Perfil Psicoeducacional Revisado: PEP-R. Avaliação Psicológica, v.3, n.1 Porto Alegre junho (2004). versão On-line. ISSN: 2175-3431.

Losapio, MF, & Pondé, MP. (2008). Tradução para o português da escala M-CHAT para rastreamento precoce de autismo. *Rev Psiquiatr RS, 30*(3), 221-229.

Pereira, A, Riesgo, RS, & Wagner, MB. (2008). Autismo infantil: tradução e validação da Childhood Autism Rating Scale para uso no Brasil. *J. Pediatr, 84*(6), 487:494.

Robins, D. L., Fein, D., Barton, M. L., & Green, J. A. (2001). The Modified Checklist for Autism in Toddlers: an initial study investigating the early detection of autism and pervasive developmental disorders. *J Autism Dev Disord, 31*(2), 131-144.

Seif, E.A., habib, D., Noufal, A., Bazaid, K., Al-Sharbati, M., Badr, H., . . . Gaddour, N. (2008). Use of M-CHAT for a multinational screening of young children with autism in the Arab countries. *Int Rev Psychiatry, 20*(3), 281-289.

Schopler, E., Reichler, R. J., Bashford, A., Lansing, M.D. & Marcus, L.M. (1990). *Psychoeducational Profile Revised (PEP-R)*. Texas: Proed.

Schopler, E., Lansing, M. L., Reichler, R. J., and Marcus, L. Psychoeducational Profile: TEACCH Individualized Psychoeducational Assessment for Children with Autism Spectrum Disorders. Third Edition. *Pro-ed. An International Publisher* (2005).

Schopler, E., & Mesobv, G. B. (2000). Cross-cultural priorities in developing autismo services. *International Journal of Mental Health*, 29, 3-21.

Snow, A. V., & Lecavalier, L. (2008). Sensitivity and specificity of the Modified Checklist for Autism in Toddlers and the Social Communication Questionnaire in preschoolers suspected of having pervasive developmental disorders. *Autism, 12*(6), 627-644. doi: 10.1177/136236130809711612/6/627 [pii]

Yirmiya, N, & Ozonoff, S. (2007). The very early autism phenotype. *J. Autism Dev. Disord, 37*(1), 1-11.

Glossário

ABA: sigla em inglês para Applied Behavior Analysis, que significa Análise do Comportamento Aplicada.

Acatisia: é uma condição psicomotora onde o paciente sente uma grande dificuldade em permanecer parado, sentado ou imóvel.

Análise do Comportamento Aplicada (ABA): método de intervenção, baseado em evidências, que utiliza da observação e análise para compreender o comportamento e, consequentemente, intervir. Além da modificação de comportamentos é utilizada para aquisição de novas habilidades.

Análise Funcional: envolve a identificação do contexto anterior (antecedente) e posterior (consequente) a um dado comportamento. Permite o mapeamento da função de cada comportamento.

Atenção Compartilhada: capacidade de dividir a atenção com outra pessoa e um objeto de interesse, através do olhar e de gestos (como o apontar) durante a interação. Tal habilidade pode ser dividida em intersubjetividade primária e secundária.

Balbucio: conjunto de consoantes e vogais emitidas pelo bebê.

Brincadeira sensório motora: exploração de objetos por meio de ações como pegar, jogar, apertar sem a presença de conduta simbólica.

Brincadeira simbólica: brincadeiras que utilizam da imaginação para representar a realidade. É muito importante para desenvolvimento da linguagem, assim como de habilidades cognitivas, motoras, sociais e afetivas. Por exemplo, imitar, fazer de conta, brincar com situações e objetos de adultos, brincadeiras com bonecas etc.

Brincadeiras triádicas: brincar com outra pessoa, compartilhando a atenção em relação a um mesmo objeto, numa interação triádica.

Brincar funcional: manipulação de um objeto ou brinquedo de maneira convencional.

Capacidade Cognitiva: habilidades mentais que envolvem pensamento, memória, atenção, linguagem, raciocínio, imaginação e capacidade de resolução de problemas, necessárias para a aprendizagem.

Cinestesia: conjunto de sensações pelas quais são percebidas o movimento das partes individuais do corpo. Depende da propriocepção.

Cognição: conhecimento que inclui estados mentais e processos como o pensar, a atenção, o raciocínio, a memória, o juízo, a imaginação, o pensamento, o discurso, a percepção visual e audível, a aprendizagem, a consciência e as emoções.

Colapso mental (meltdown): crise nervosa na qual o indivíduo, em desespero, perde totalmente o controle de seu comportamento.

Comorbidades médicas: transtornos médicos que estão associados a um transtorno base numa frequência estatisticamente significativa.

Comportamento disruptivo: comportamento agressivo e/ou transgressor, que extrapola o esperado para a idade e situação.

Comportamento funcional: comportamento adequado e coerente com a idade e situação.

Comportamentos disfuncionais: comportamentos que causam sofrimento e trazem prejuízos a si ou aos outros.

Comportamentos repetitivos e estereotipados: movimentos repetitivos, ritmados, intencionais e sem função. Podem ser inofensivos ou mesmo autoagressivos.

Comunicação: expressão e compreensão de conteúdos verbais e não verbais, assim como a capacidade de externar emoções em situações sociais.

Comunicação expressiva: comunicação que permite a interação com o mundo, sendo uma maneira de transmitir sentimentos, desejos, ideias e anseios às pessoas.

Comunicação receptiva: comunicação que envolve a recepção e compreensão de uma mensagem, do que se ouve ou lê.

Comunicação social: uso da linguagem com intenção comunicativa, havendo capacidade para se iniciar e manter uma interação com outra pessoa.

Contato ocular: habilidade de direcionar o olhar aos olhos do outro com intenção de interação. Pode ser de forma espontânea ou em resposta a um chamado.

Contingência: condição sob a qual uma consequência é produzida, em resposta a uma situação.

Crenças disfuncionais: crenças que não condizem com a realidade e possuem estreita relação com as emoções e comportamentos também disfuncionais. Exemplo: "Sou incapaz". Desta forma, a pessoa se sente desmotivada e, consequentemente, não se esforça para ter um bom resultado.

Defensividade tátil: um tipo de disfunção de integração sensorial em que as sensações táteis levam a reações emocionais negativas. Está associada à desatenção, inquietação e problemas de comportamento.

Desenvolvimento simbólico: formação de condutas representativas com manifestação progressiva desde condutas pré-simbólicas até as condutas simbólicas propriamente ditas que se manifestam através da representação de objetos.

Dismorfismos: aspectos anatômicos diferentes causados por alguma síndrome ou prejuízo genético, de origem identificada ou não.

Dispraxia: pobre praxia ou pobre planejamento motor. Disfunção menos severa, mas mais comum que a apraxia (falta de praxia); é geralmente relacionada ao pobre processamento sensorial.

Ecolalia: repetição de palavras, de forma imediata ou tardia, com ou sem contexto comunicativo.

Empatia: capacidade de compreender emocionalmente outra pessoa.

Equipe multidisciplinar: grupo de especialistas, em diversas áreas, trabalhando em equipe, em busca de um objetivo comum.

Espaço comunicativo: tempo ocupado na interação social pelos interlocutores.

Especialização: processo pelo qual uma área do cérebro torna-se mais eficiente em uma determinada função. A maioria destas funções são lateralizadas, o que quer dizer que um lado do cérebro é mais eficiente em determinada função do que o outro.

Estilo parental: atitudes adotadas pelos pais na condução e educação dos filhos.

Estímulo: incentivo do ambiente capaz de iniciar um comportamento.

Estimulo aversivo: estímulo que, quando apresentado, provoca a redução da frequência do comportamento que o antecede, sendo, em geral, relacionados a estados internos de desprazer ou desconforto

Estímulo sensorial: curso dos impulsos neurais fluindo dos receptores dos sentidos para a medula e para o cérebro.

Extinção: diminuição de um dado comportamento pela retirada de reforço.

Falas idiossincráticas: sequências fonéticas consistentes com significado específico e pessoal (Ex: "Manamanhã" para "mamadeira").

Fenótipo Ampliado do Autismo: é a manifestação atenuada de características qualitativamente similares às que definem a síndrome, em indivíduos não portadores do transtorno.

Flapping: um tipo de estereotipia motora em que a criança movimenta repetitivamente as mãos na altura dos ombros como se estivesse batendo asas.

Flexão: ação de dobrar uma parte articulada do corpo.

Função comunicativa autorregulatória: emissões verbais que ocorrem juntamente com um comportamento motor e que objetivam controlar a própria ação.

Função comunicativa de comentário: atos ou emissões (palavras ou frase) utilizada para dirigir a atenção do outro para um evento ou objeto.

Função comunicativa de exibição: atos ou emissões utilizados para atrair a atenção do outro para si.

Função comunicativa de expressão de protesto: manifestações de protesto dirigidas ou não a algum objeto, pessoa ou evento, como choro, manha, birra entre outros.

Função comunicativa de jogo compartilhado: atividade compartilhada entre adulto e criança.

Função comunicativa de jogo: atos ou emissões que envolvem atividades organizadas e autocentradas.

Função comunicativa de nomeação: atos ou emissões utilizadas para focalizar a própria atenção em algo por meio da identificação do referente.

Função comunicativa de pedido de ação: atos ou emissões utilizados para pedir ao outro que execute uma ação.

Função comunicativa de pedido de consentimento: atos ou emissões utilizados com o objetivo de pedir o consentimento do outro para a realização de uma ação.

Função comunicativa de pedido de informação: utilização de atos ou emissões para pedir informações sobre algum evento ou objeto.

Função comunicativa de pedido de objeto: atos ou emissões usadas para solicitar um objeto desejado.

Função comunicativa de pedido de rotina social: atos ou emissões utilizadas para solicitar ao outro que inicie ou continue uma atividade de interação social.

Função comunicativa de reconhecimento do outro: uso de atos ou emissões para indicar o reconhecimento da presença do outro e obter sua atenção.

Função comunicativa exclamativa: atos ou emissões que expressam reações emocionais a um evento ou situação por meio de atos ou emissões.

Função comunicativa exploratória: atos que envolvem a investigação de objeto ou parte do corpo, etc.

Função comunicativa instrumental: utilização da linguagem para satisfazer suas necessidades materiais, podendo ser verbal, vocal ou gestual.

Função comunicativa não focalizada: atos ou emissões produzidas mesmo que o indivíduo não esteja focalizando sua atenção em outra pessoa ou objeto. Podem servir a auto-estimulação ou funções de treino.

Função comunicativa reativa: atos ou emissões que acontecem enquanto a pessoa examina objetos ou partes do corpo. Não há evidência de intenção comunicativa, mas a pessoa parece estar reagindo a algo.

Função comunicativa: significado atribuído a atos ou emissões produzidos em determinada situação e que apresentam intencionalidade.

Função de protesto: atos ou emissões usados, para interromper uma ação indesejada do outro.

Função heurística: solicitação de informação ou permissão.

Função informativa: utilizada para transmitir informações ao outro.

Função interativa: uso da comunicação para iniciar ou encerrar a interação.

Função narrativa: atos ou emissões direcionadas a reportar e descrever fatos reais ou imaginários.

Função performativa: atos ou emissões usados em esquemas de ações familiares aplicados em um objeto ou evento. Inclui efeitos sonoros e vocalizações ritualizadas produzidas juntamente com um comportamento motor.

Habilidade Social: capacidade de se comportar de maneira adaptativa em ambientes diferentes e com pessoas distintas, e de entender e reagir adequadamente ao meio social, construindo relações saudáveis e produtivas.

Habilidades dialógicas: intenção comunicativa, iniciativa de conversação/interação, resposta ao interlocutor, troca de turnos, participação na atividade dialógica.

Habilitação/reabilitação: habilitação é uma denominação utilizada para a pessoa que ainda não adquiriu uma determinada habilidade (motora, verbal, sensorial, etc). Antes o termo "reabilitação" era usado para essa situação também.

Hipersensibilidade ao movimento: sensação excessiva de desorientação, perda de equilíbrio, náusea ou dor de cabeça em resposta ao movimento linear e/ou rotatório.

Imagem corporal: percepção pessoal do próprio corpo. Consiste de imagens sensoriais ou mapas do corpo armazenadas no cérebro. Pode também ser chamada de esquema corporal ou percepção corporal.

Infante: termo utilizado para designar criança.

Iniciativa de interação/comunicação: habilidade de iniciar a comunicação ou interação seja pelo meio verbal, vocal ou gestual, e não apenas responder a interação.

Insegurança gravitacional: grau incomum de ansiedade ou medo em resposta ao movimento ou à mudança na posição da cabeça; relacionado à déficit no processamento de informação vestibular e proprioceptiva.

Intenção comunicativa: intencionalidade/desejo/vontade de comunicar algo.

Interação diádica: contato social estabelecido entre duas pessoas, na ausência de um objeto que demande a transição de foco atencional entre elas e um terceiro elemento (ver intersubjetividade primária).

Interação interpessoal: relação entre duas ou mais pessoas. A interação interpessoal engloba o interesse em interagir e as habilidades sociais. Ao avaliar a interação, deve-se levar em consideração a idade e o desenvolvimento esperado.

Intersubjetividade primária: interagir com outra pessoa sem a presença de um objeto. Interação a dois, numa relação diádica.

Intersubjetividade secundária: interagir com outra pessoa, compartilhando a atenção com um mesmo objeto. Interação triádica.

Inventário: mapeamento dos comportamentos que serão alvo das intervenções.

Jargão: encadeamento de vogais e consoantes variadas com entonação da língua materna.

Lateralidade: tendência em executar funções de maneira mais eficiente de um lado do cérebro do que de outro. Na maioria das pessoas o hemisfério direito torna-se mais eficiente em processar informação espacial, enquanto o hemisfério esquerdo especializa-se em processos verbais e lógicos.

Modulação: atividade regulatória das funções cerebrais. Envolve a facilitação de algumas mensagens neurais para potencializar uma resposta e a inibição de outras para reduzir a atividade irrelevante.

Neurobiológico: que diz respeito à estrutura e organização funcional do sistema nervoso.

Nistagmo: movimento reflexo automático e ritmado dos olhos. Este reflexo pode ser produzido sob diferentes condições. Movimentos rotatórios do corpo seguido de uma parada brusca produzem, sob condições normais, o nistagmo pós-rotatório. A duração e a regularidade deste movimento são alguns dos indicadores da eficiência do sistema vestibular.

Operacional: descrição objetiva, clara e precisa, que discrimina as características por meio das quais o observador identifica o evento em questão, ou seja, a definição operacional de um evento estabelece os critérios que caracterizam o evento, distinguindo-o dos demais.

Orientação social: refere-se ao alinhamento dos receptores sensoriais para um evento social ou para uma pessoa, ou seja, o interesse ao outro, a algum objeto ou a uma situação.

Parear: classificar de acordo com uma característica em comum.

Percepção: é o significado que o cérebro dá ao estímulo sensorial. Sensações são objetivas, percepção é subjetiva.

Praxia (planejamento motor): habilidade do cérebro em organizar e dar continuidade a uma sequência de ações motoras não familiares. Requer e promove a integração sensorial.

Práxis (planejamento motor): habilidade do cérebro em organizar e dar continuidade a uma sequência de ações motoras não familiares. Requer e promove a integração sensorial.

Problema de aprendizagem: dificuldade para aprender a ler, a escrever, a somar e a fazer trabalhos escolares, que não pode ser atribuída somente à deficiência mental.

Prognóstico positivo: provável efeito de um processo terapêutico conduzindo a resultados satisfatórios.

Prono: posição horizontal do corpo com a face e o estômago voltados para baixo.

Propriocepção: da palavra latina "próprio de alguém". Refere-se à percepção da sensação dos músculos e articulações. O estímulo proprioceptivo diz ao cérebro quando e como os músculos estão se contraindo ou se estirando, e também quando e como estas articulações estão fletidas, estendidas, tracionadas ou comprimidas. Esta informação permite ao cérebro saber onde está cada parte do corpo e como as mesmas se movimentam.

Prosódia: efeitos vocais constituídos por variações ao longo dos parâmetros de intensidade, duração, altura e pausa.

Psicoeducação: intervenção que ajuda o paciente e/ou a família a compreender o diagnóstico e o tratamento de um dado transtorno, considerando-se as características específicas da manifestação da patologia em cada paciente.

Reforço: estímulo que vêm após um dado comportamento que aumenta a probabilidade de sua repetição.

Reforço diferencial: estímulo que vêm após um dado comportamento alternativo que aumenta a probabilidade de sua repetição.

Reforço positivo (ou reforçador positivo): acréscimo de um elemento conseguinte a um dado comportamento que aumenta a probabilidade de sua repetição.

Repertório comportamental: conjunto de comportamentos exercidos por um indivíduo em determinada situação.

Responsividade: atitude comunicativa que demonstra compreensão dos aspectos emocionais em uma interação.

Resposta adaptativa: resposta apropriada a uma demanda do ambiente.

Sistema proprioceptivo: sistema sensorial responsável pela percepção da sensação dos músculos e articulações. O estímulo proprioceptivo diz ao cérebro quando e como os músculos estão se contraindo ou se estirando, e também quando e como estas articulações estão fletidas, estendidas, tracionadas ou comprimidas. Esta informação permite ao cérebro saber onde está cada parte do corpo e como as mesmas se movimentam.

Sistema Tátil: sistema sensorial cujos receptores estão localizados na pele, e respondem tanto ao toque leve quanto profundo ou pressão. Permitem à criança localizar e discriminar o toque e proporcionam informações acerca do tamanho, da forma, e da textura dos objetos. O processamento tátil é importante para o desenvolvimento da habilidade motora fina e atua no desenvolvimento emocional da criança.

Sistema vestibular: sistema sensorial que responde à posição da cabeça em relação à gravidade e ao movimento de aceleração e desaceleração; integra pescoço, olhos e ajuste corporal com movimento.

Somatosensorial: sensações corporais que se baseiam tanto em informações táteis como proprioceptivas.

Supino: posição horizontal do corpo com a face e o estômago voltados para cima.

Tátil: se refere ao sentido de toque na pele.

TEA: Transtorno do Espectro Autista - sinais clínicos do autismo que diferem significativamente de intensidade e comprometimento, como um contínuo.

Terapia Ocupacional: é uma profissão da área de saúde cujo objetivo é promover o desempenho ocupacional de um indivíduo, zelando por seu bem-estar físico, emocional e social. Na área de pediatria o terapeuta ocupacional que lida com crianças tem o brincar como meta e recurso terapêutico. O Terapeuta Ocupacional avalia o desempenho da criança em relação ao que é esperado no desenvolvimento normal daquela faixa etária. Se existir discrepância entre as expectativas desenvolvimentais e as habilidades funcionais, o Terapeuta Ocupacional verifica o funcionamento de uma variedade de aspectos perceptuais e neuromusculares que influenciam a função. O Terapeuta Ocupacional também identifica a criança que possui bom potencial para intervenção com base em conhecimentos na área de neurologia, cinesiologia, desenvolvimento e no diagnóstico clínico.

Teste de Integração Sensorial do Sul da Califórnia (SCSIT): Bateria de testes publicada em 1972, designada a avaliar o nível de integração sensorial e sua disfunção. Estes testes foram mais tarde revisados, atualizados e republicados como SIPT.

Teste de Integração Sensorial e Práxis (SIPT): bateria de testes publicada em 1989 designada para avaliar o processamento sensorial e a praxia (planejamento motor) em crianças de 4 a 8 anos de idade. O SIPT é uma versão revisada e atualizada do SCSIT.

Tronco cerebral: porção mais baixa e interna do cérebro. Contém centros que regulam funções orgânicas internas, alerta do sistema nervoso como um todo e o processamento elementar sensório-motor.

Autores

WALTER CAMARGOS JR (ORG.) – Psiquiatra da Infância e Adolescência, Mestre em Ciências da Saúde/Instituto dos Servidores do Estado de Minas Gerais-IPSEMG, autor e colaborador em diversos livros sobre Transtornos do Espectro do Autismo.

ALBERT LUCIANO DE OLIVEIRA – Psicólogo Clínico, Graduado em Psicologia com formação em Terapia Cognitiva Comportamental, Especialista em Neuropsicologia.

ALINE ABREU ANDRADE – Doutoranda em Psicologia do Desenvolvimento (UFMG). Mestre em Psicologia do Desenvolvimento (UFMG) e Especialista em Terapia Comportamental (PUC-Minas). Possui graduação em Psicologia (UFMG) e Formação em Terapias Cognitivas (IMTC).

ANA PAULA FERREIRA COSTA – Graduação em Terapia Ocupacional pela Universidade Federal de Minas Gerais (UFMG), Mestre em Psicologia do Desenvolvimento (UFMG), Especialista em Integração Sensorial (Universidade do Sul da Califórnia – USC – Los Angeles – EUA), Especialista no Conceito Neuroevolutivo Bobath.

CLÁUDIA GONÇALVES DE CARVALHO BARROS – Graduação em Fonoaudiologia (Instituto Brasileiro de Medicina de Reabilitação), Pós-Graduada em Distúrbios da Comunicação (Centro Universitário Metodista Izabela Hendrix), Mestre em Engenharia de Produção (Universidade Federal de Santa Catarina – UFSC), Professora do Curso de Fonoaudiologia da Pontifícia Universidade Católica de Minas Gerais-PUCMINAS.

CLÁUDIA TERESINHA FACCHIN – Psicóloga pela Universidade Federal de Minas Gerais-UFMG. Psicóloga Clínica com Formação em Terapia Cognitivo-Comportamental pelo Instituto WP. Especialista em Psicologia Clínica pelo Conselho Regional de Psicologia, Especialista em Neuropsicologia (Universidade FUMEC).

FLÁVIA NEVES ALMEIDA – Psicóloga graduada pela Universidade Federal de Minas Gerais-UFMG. Mestre pelo Programa Ciências da Saúde: saúde da criança e do adolescente. Faculdade de Medicina/Universidade Federal de Minas Gerais-UFMG (2013/2015), integrante do Laboratório de Neuropsicologia do Desenvolvimento (UFMG).

ISADORA ADJUTO TEIXEIRA – Psicóloga Clínica (FUMEC) com foco em Psicologia Cognitiva Comportamental, Mestre em Psicologia do Desenvolvimento pela Universidade Federal de Minas Gerais-UFMG.

LARA MASCARENHAS RIBEIRO DE PAULA – Psicóloga Clínica graduada pela Universidade Federal de São João Del Rei, Especialista em Terapia Comportamental em crianças com desenvolvimento atípico, com atuação principal em crianças menores que seis anos (Centro de Estudos e Desenvolvimento Educacional).

LETICIA VIANA PEREIRA - Graduação em Fonoaudiologia - Centro Universitário Metodista Izabela Hendrix (CUMIH), Especialista em Fonoaudiologia Educacional - Conselho Federal de Fonoaudiologia-CFFa, Especialista em Linguagem - Centro de Especialização em Fonoaudiologia Clínica CEFAC - Conselho Federal de Fonoaudiologia – CFFa, Mestre em Ciências da Saúde - saúde da criança e do adolescente - Faculdade de Medicina/Universidade Federal de Minas Gerais-UFMG.

LIDIA LIMA PRATA - Graduação em Psicóloga pela Universidade FUMEC. Mestre em Ciências da Saúde (IPSEMG). Psicóloga Clínica com formação em Psicoterapia Cognitiva pelo Instituto Mineiro de Psicoterapia Cognitiva (IMTC).

LÍVIA DE FÁTIMA SILVA OLIVEIRA - Graduação em Psicologia pela Universidade Federal de Minas Gerais-UFMG, Brasil. Mestrado em Saúde da Criança e do Adolescente - Universidade Federal de Minas Gerais-UFMG, Brasil. Doutorado em andamento em Neurociências - Universidade Federal de Minas Gerais- UFMG, Brasil.

LUCAS ARAÚJO LIMA GÉO - Graduação em Psicologia pela-Universidade Federal de Minas Gerais-UFMG, Mestre em Neurociências - Pós Graduação em Neurociências-UFMG.

MARIA ISABEL PINHEIRO - Psicóloga Clínica, Psicopedagoga, Mestre em Educação Especial pela Universidade Federal de São Carlos, Doutora em Saúde da Criança e do Adolescente pela Faculdade de Medicina da Universidade Federal de Minas Gerais-UFMG.

MANUELA CORREIA - Graduada em Psicologia pela FUMEC, Formação em Terapia Comportamental Cognitiva em Saúde Mental (HCFMUSP).

NATÁLIA BARBOSA CHAGAS BRESCIA DE MOURA - Fonoaudióloga Clínica, graduada pela Universidade Federal de Minas Gerais-UFMG, Pós-Graduação Lato Sensu em Linguagem com Enfoque nos Distúrbios de Linguagem, Aprendizagem e na atuação em Âmbito Educacional pelo Cefac - Saúde e Educação.

PATRÍCIA REIS FERREIRA - Graduação em Fonoaudiologia - Universidade Federal de Minas Gerais-UFMG, Especialista em linguagem pelo CFFa, Mestre em Saúde da Criança e do Adolescente - Faculdade de Medicina-UFMG.

VIVIANNE LIMA CAMPOS MOURA - Graduada em Psicologia (Unicentro Newton Paiva), Formação em Terapia Cognitivo-Comportamental em Saúde Mental/Hospital das Clínicas da Faculdade de Medicina da Universidade de São Paulo - Instituto de Psiquiatria, Especialização em Terapia Analítico Comportamental/Centro Universitário UNA - Belo Horizonte.

LEIA TAMBÉM

Titulo: Síndrome de Asperger e Outros Transtornos do Espectro do autismo de Alto Funcionamento: da avaliação ao tratamento

ISBN: 9788588009325

Formato: 16X23

Edição: 2013

O livro se destina a todos os profissionais que queiram aperfeiçoar a qualidade do trabalho com a população afetada pela Síndrome de Asperger e/ou outros Transtornos do Espectro do Autismo de Alto Funcionamento (TEAAF), já que possui capítulos em diversas áreas como pedagogia, psicologia, fonoterapia, psiquiatria, entre outros.Para o pleno entendimento do conteúdo, entretanto, é necessário o prévio conhecimento e compreensão dos conceitos técnicos básicos sobre Autismo Infantil e do Espectro do Autismo, o que faz desse trabalho um material para profissionais e pessoas que já possuem alguma prática com o tema. Esperamos que possa beneficiar todos aqueles que buscam informações sobre o universo do TEAAF. Atualmente, a literatura médica atende aos interesses sobre o tema autismo clássico, estando, porém, escassa na temática específica desse livro, como o TEAAF não S. Asperger, a S. de Asperger, a SA em mulheres (raro, inclusive na literatura internacional), o Fenótipo Ampliado do Autismo, seus tratamentos e aspectos correlatos. O Autor e Colaboradores, então, sentem a responsabilidade de apresentarem ao público uma obra, que é resultado de profundos estudos e pesquisas. É fruto de décadas de prazer com o trabalho nesta área, com a convivência com pacientes e familiares e diálogos com profissionais e estudantes. Porém a estruturação do conhecimento, e consequentemente, a organização deste livro só foi possível quando o trabalho multidisciplinar e em equipe, (http://www.autismobh.com.br/), evoluiu nestes últimos anos.

Construindo ideias e conectando mentes

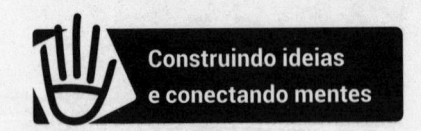

Este livro foi composto com tipografia Bembo
e impresso em papel Pólen Soft 80g/m^2
na Gráfica Promove em janeiro de 2023.